KB047553

심훈 교수의 新일본견문록

일본을 보면 한국이 보인다

이 도서의 국립중앙도서관 출판시도서목록(CIP)은 e-CIP홈페이지(http://www.nl.go.kr/ecip)
와 국가자료공동목록시스템(http://www.nl.go.kr/kolisnet)에서 이용하실 수 있습니다. (CIP
제어번호 : CIP2012000888)

심훈 교수의 新일본견문록

일본을 보면
한국이 보인다

여는 글

〈다크 시티〉란 영화가 있었다. 1998년 개봉된 SF 미스터리물로 〈아이 로봇〉(2004)의 알렉스 프로야스 감독이 메가폰을 잡은 작품이다. 내용은 이렇다. 영화의 시작 장면에서 주인공인 존 머독(루퍼스 스웰 분)은 자신이 낯선 호텔의 욕조 안에 누워 있음을 깨닫는다. 곧이어 주변의 어지러운 정 황을 통해 자신이 잔혹한 연쇄 살인범으로 수배 중이라는 사실도 알게 된 다. 하지만 문제는 지난 일들에 대한 기억이 도무지 떠오르지 않는다는 것.

수사관의 집요한 추적을 받으며 영화 내내 어두침침하기만 한 도시에 서 그가 마침내 밝혀내는 진실은, 외계인들이 사람들에게 자신의 경험에 실재實在하지 않는 기억들을 심은 후 그들의 행동을 관찰한다는 것이다. 마 지막에는 주인공 존 머독을 비롯한 〈다크 시티〉의 시민 모두가 우주 공간 에 마련된 세트장에 납치돼 외계인들의 실험 대상으로 관찰되어왔다는 반 전이 펼쳐진다. 워쇼스키 형제가 감독한 SF 영화 〈매트릭스〉보다 1년 전 에 나온 〈다크 시티〉는 비록 흥행에서 커다란 성공을 거두진 못했지만, 인 류의 기원에 대한 단상斷想을 기상천외한 상상력으로 풀어나갔다는 점에서 당시 필자에게 신선한 충격으로 다가왔다.

마찬가지로 어떤 초월적인 존재가 있어 '지구'라는 실험장에서 인류를 연구했다면 각각 상반된 조건 아래 설치됐을 무대가 바로 미국과 일본일 것이라고 생각한다. 지진과 태풍은 물론 홍수와 쓰나미 등 지구 상의 온갖 악조건들을 욱여넣은 열도劂島에 수많은 인간을 떨어뜨린 곳이 일본이요, 반대로 광활한 대지에 몇 안 되는 인간을 마음껏 풀어놓은 곳이 미국이라는 의미에서다. 그렇게 볼 때 '자율과 개성'이라는 스펙트럼의 양 극점에 위치하도록 강제된 이들이 다름 아닌 미국인과 일본인이다.

　유학을 위해 미국에 첫발을 내디딘 1996년 당시, 시내 곳곳에 널려 있던 공원과 어디서나 쉽사리 눈에 띄는 지평선은 풍부하고 저렴한 먹거리들과 어우러져 '어쩌서 미국인들이 이렇게 축복받는 환경을 갖게 되었을까?'라는 부러움 반, 질투심 반의 호기심을 자아내게 했다. 그로부터 13년 뒤인 2009년, 대학교에 재직하면서 맞은 첫 번째 안식년에 이웃 나라 일본을 찾게 되었다. 이미 두어 차례 일본을 여행한 적은 있지만 생활해본 경험은 없었기에, 일본에서 체류했던 1년간은 미국에서 얻은 충격과는 또 다른 쇼크를 안겨주었다. 지인知人의 권유로 일본인들 틈바구니에 묻혀 살며 일본 소학교에 아이들을 보내는 과정에서 이전에는 전혀 몰랐던 그네들의 생활방식을 피부 깊숙이 체험할수록 '도대체 어찌하여 이런 삶을 영위하게 되었을까?'라는 의구심은 그렇게 뭉게뭉게 피어올랐다. 그리하여 외부인의 눈으로는 좀처럼 — 특히 '자율과 개성'이라는 스펙트럼의 최극단에 위치한 미국인의 눈으로는 절대로— 이해할 수 없는 일본인들과의 거리를 좁히기 위해 여러 방면으로 단초端初를 찾던 중, 우리와는 너무 다른 지리적·역사적 환경에 주목해 세 가지 중심축을 기준으로 일본의 좌표를 그려보게 됐다.

이 책은 크게 하늘天과 땅地, 그리고 사람人의 세 부분으로 구성돼 있다. 자고로 동양에선 천, 지, 인의 세 가지 기운이 한데 어울려 사람을 만든다고 보았다. 이름하여 삼재三才 사상이 그것. 이에 따라 필자는 옛 선조들의 가르침을 바탕으로 우리네와 달리 범상치 않은 하늘과 땅, 그리고 사람들을 가졌던 일본을 삼재 사상에 기대어 풀어보았다.

돌이켜보면, 병에 걸리지 않고 오래 살기를 기원했던 한국인들의 소망은 일본에서 한낱 사치에 불과했다. 우리의 무병장수無病長壽에 해당하는 일본의 '무병식재'無病息災란 사자성어四字成語는 그저 근심 없이 무병무탈無病無頉한 가운데 자연재해만 일어나지 않기를 바라는 간절한 소망을 담고 있다. '피재지'被災地, '진재'震災, '철포수'鐵砲水 등 우리 입장에서는 생경하기 그지 없는 재난 용어들이 TV 뉴스를 장식하는 일본이기에 더욱 그렇다는 말이다. 참고로, '피재지'란 재해를 입은 지역을, '진재'란 지진 재해를, '철포수'란 갑자기 밀어닥치는 홍수를 뜻하는 일본어들이다.

미국의 인류학자 루스 베네딕트가 그녀의 저서 『국화와 칼』을 통해 일본 문화의 정수精粹를 '부끄러움'과 '죄책감'에서 보았고, 반일反日 세대인 이어령 교수가 '축소지향'에서 일본적 특징을 찾았다면, 필자는 '생존 투쟁'에서 일본 문화의 독특성을 논하고자 한다. 그렇다고 필자가 감히 베네딕트와 이어령의 반열에 은근슬쩍 오르고자 할 생각은 추호도 없다. 단지 일본 문화의 해독 코드가 '생존 투쟁'이라는 키워드에서 출발한다는 것을 강조하고자 할 따름이다.

도서출판 한울의 도움을 받아 출간하게 된 이 책은 태풍과 홍수로부터 목숨을 건지기 위해, 지진과 쓰나미로부터 탈출하기 위해, 사무라이들의 칼과 군부 정권의 폭정으로부터 생존하기 위해 '부끄러움'과 '죄책감' 속에 '축소지향적인 삶'을 영위할 수밖에 없었던 일본인들의 슬픈 역사를 담고 있다. 그런 의미에서 이 책은 지구 상의 가장 열악한 환경 속에 살아남기 위해 약탈했고, 살아남기 위해 배신했으며, 살아남기 위해 따돌렸고, 살아남기 위해 복종했으며, 살아남기 위해 박수(신토 사상의 가장 중요한 의식)를 쳐야 했던 일본인들의 생존 보고서라 할 수 있다. 덧붙이자면, 이 책에 나오는 각각의 장章들은 2009년 10월부터 2011년 4월까지 약 1년 7개월에 걸쳐 ≪세계일보≫에 연재됐던 칼럼들을 모아 다시 가다듬은 것들이다. 당시, 지면의 제약으로 미처 담지 못했던 낙수落穗들과 함께 소개하고 싶었던 관련 사진들을 좀더 추가함으로써 될 수 있는 대로 많은 이야기를 다루고자 했다. 끝으로 이 책의 기획에서부터 탄생에 이르기까지 모든 산고産苦를 일일이 챙겨주신 도서출판 한울의 박행웅 고문께 무한한 감사의 말씀을 올린다.

2012년 1월

심 훈

차 례

1,400여 년 전. "해가 뜨는 곳의 천자가 해가 지는 곳의 천자에게"라는 서신을 중국 수나라에 보냄으로써 일본인들에게 무한한 자부심을 불어넣었다는 쇼토쿠 태자. 만약 그가 태양 숭배 사상이 자국민들을 자승자박의 운명 속으로 몰아넣었다는 사실을 알게 된다면 어떤 생각을 할까?

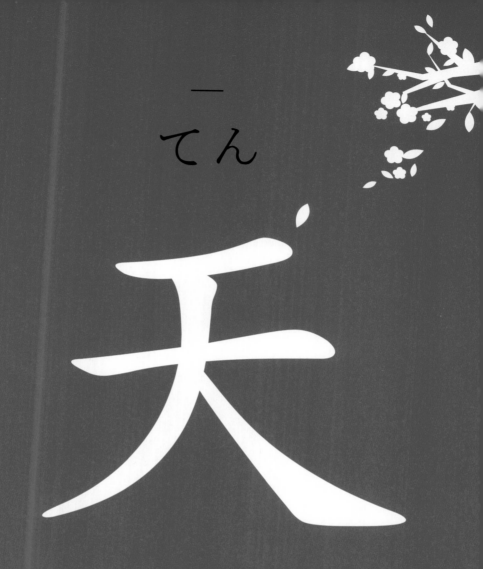

てん

天

一
하늘

01

태양의
눈물

〈태양의 제국〉이라는 영화가 있었다. 1989년에 개봉된 작품으로 중일 전쟁을 배경으로 한 영화다. 4년 뒤, 숀 코너리가 주연한 영화, 〈떠오르는 태양〉이 개봉되었다. 패망 뒤 50년 만에 더욱 강력해진 모습으로 부활한 일본의 경제 침략을 경고하는 범죄 스릴러였다.

식민 시절을 경험한 이들에게는 아직도 가슴 철렁한 욱일승천기*旭日昇 天旗의 나라. 더불어 잊힐 만하면 한 번씩 불거지는 일본 정치가들의 망언妄 言이 한국인들을 가슴 아프게 하는 나라. 그런 일본은 누가 뭐래도 태양을 숭배하는 '태양의 제국'이다. 태양의 여신 아마테라스天照大神가 일본을 열 었기에 일본인들의 소원 역시, 죽기 전에 그녀의 사당이 있는 이세진구伊勢 神宮 신사를 방문하는 것이고.

---

* 욱일기(旭日旗)라고도 한다. 일장기의 태양 문양 주위로 퍼져 나가는 햇살을 붉은색으로 도안한 깃발이다. 메이지(明治) 유신 이후, 일본군(현재는 자위대)의 군기(軍旗)로 사용되 고 있다.

사실, 일본은 동아시아에서도 해가 가장 먼저 뜨는 '태양국가'다. 서울과 같은 기준시를 사용하고 있는 도쿄東京의 경우, 경도상으로는 서울보다 8도 정도 동쪽에 있기에 일출日出도 30분 정도 일찍 시작된다. 그런 '태양의 제국'을 바투 지켜보노라면 '태양의 후손'이기에 감내堪耐해야 할 일본인들의 슬픔이 열도列島 곳곳에 말라붙어 있다. 햇살이 강하면 그림자도 짙은 법. 애니미즘에 기원한 태양신 숭배 사상이 국민들의 절대적인 복종을 강요하며 언제나 그들의 희생만을 요구해온 까닭에서다.

한국인들에게 태양은 달님이 된 누이의 오빠이고 그리스인들에게는 젊고 수려한 아폴론이었지만, 일본인들의 태양은 쳐다보기만 해도 눈이 멀고 혀가 굳는 외경畏敬스러운 존재였다. 한국의 태양은 또 햇볕과 햇살, 햇빛과 햇발을 훗훗하게 나눠주는 살가운 대상이지만, 일본의 태양은 '히자시'日差, 햇살와 '닛코'日光, 햇빛만 앙칼지게 쏘아대는 몰강스러운(차마 못할 짓을 예사로 할 만큼 억세거나 야박한) 여신女神일 뿐이다. 그래서일까? 오히사마御日様로 불리는 일본의 태양과 한국의 '해

〈태양의 제국〉 영화 포스터. 태양을 배경으로 추락하는 전투기는 일장기 문양으로 유명한 제2차 세계대전 당시의 제로기이다.

〈떠오르는 태양〉의 영화 포스터. 개봉 당시 무명에 가까웠던 웨슬리 스나입스가 비중 있는 조연으로 나왔다. '욱일승천기'의 일부 문양을 통해, 다시 미국 본토에 상륙하고 있는 일본의 경제 침략을 우회적으로 경계한 작품이다.

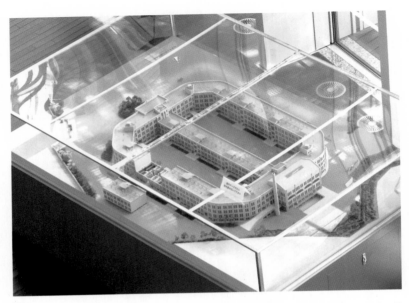

제국주의 당시, 일본은 곳곳에 태양을 상징하는 날 '일'(日)자 형태의 건물을 지었다. 지금은 헐리고 없는 경복궁 앞의 조선총독부 역시, 하늘에서 보면 '일'(日) 자 형태를 이루고 있었다. 사진은 도쿄 롯폰기(六本木)에 위치한 국립신미술관 내의 옛 일본 육군 제1사단 보병 제3연대 기숙사 모형. 날 '일'(日)자 형태가 확연히 눈에 들어온다. 국립신미술관은 보병 제3연대 기숙사가 있던 부지에 들어섰기에 공지(公知) 차원에서 마련된 전시물이다. ◉

님'이 주는 어감語感은 천양지차다. 우리네 선조들은 '3대가 덕을 쌓아야 비로소 남향이 깃든 집을 얻을 수 있다'며 볕을 귀하게 여겨왔는데, 태양의 제국에선 그런 햇볕이 부담스럽기만 했나 보다. 해서, 여름이면 『서유기』 속의 화염산같이 뜨겁게 달아오르는 일본 본토에서 정남향 주택은 의외로 인기가 없다. 재미있는 사실은, 선글라스 역시 찾는 사람들이 많지 않다는 것. 자칫, 태양을 부정하는 불손不遜으로 오해될까 몸조심하는 것이라면 이는 필자만의 지나친 생각일까? 하지만 그런 태양 숭배 사상은 결국 영원한 제국을 꿈꾼 천황과 신민(臣民)들에게 헛된 망상을 불어넣음으로써, 아시아인들은 물론이고 자국민들에게도 엄청난 비극을 안겨준다.

이세진구(伊勢神宮) 안에 보관되어 있는 내궁(內宮)의 모습. 바로 옆에 같은 규모의 공터가 있어서 20년마다 한 번씩 양쪽을 오가며 궁을 헐고 다시 짓는 '식년천궁'(式年遷宮) 의식을 거행한다. 1,300년 전의 초대 사원을 짓던 방식으로 계속 건물을 유지하고 있는데, 당시의 건축 방식이 20년 이상 지속되지 못하기에 생긴 전통이다. 참고로 다음 식년천궁 행사는 2013년이다(사진 출처: 위키피디아 커먼스).

돌이켜보면, 유사 이래 태양을 숭배해온 민족이 비단 일본만은 아니다. 가깝게는 인도에서부터 멀리는 남아메리카와 아프리카에 이르기까지 지구 곳곳에서, 아득한 옛날부터 태양을 찬미하며 신으로 숭배해왔다. 문제는 태양신을 국조(國祖)로 내세운 왕조가 민중들의 무조건적인 충성과 대가 없는 희생을 강요했다는 점. 예의 이집트가 그러했고, 아즈텍이 그러했으며, 잉카와 마야 문명 모두 만인지상 일인지하(萬人之上 一人之下)의 절대왕국을 꿈꿨던 점에서 비극이 시작된다. 그런 면에서, 가혹한 노예제와 인간 제물 의식, 대규모 순장(殉葬) 등은 태양 숭배가 드리웠던 죽음의 그림자였다. 우리에게 시조(始祖)나 다름없는 곰은 쓸개와 발바닥까지 바치며 한국인들을 위해 죽어가지만, 열도에서는 만백성이 '태양신'을 위해 죽어가야 했다.

일본의 태양 숭배는 인류학적인 측면에서 많은 의미를 내포하고 있다. 제정일치 시대의 유산인 태양신 숭배 사상이 아직껏 유효하다는 것 자체가 교조적(教條的)인 시대정신을 상징적으로 나타내고 있기 때문이다. 실제로 20년에 한 번씩 옆 터로 옮겨 짓는 이세진구(태양의 여신 신사)의 식년천

아르헨티나(위)와 우루과이(아래)의 국기. 햇살과 함께 의인화된 얼굴이 친근하기만 하다.

궁*式年遷宮 행사는 국가적인 관심 속에 치러지곤 한다. 더불어, 매년 600만 명이 평생의 소원을 달성하는 이세진구 방문도 같은 맥락에서 해석될 수 있다.

그러한 운명을 짐작해서일까? 필자가 살펴본 191개국 가운데 태양을 국기에 그려 넣은 나라는 필리핀, 튀니지, 그린란드 등 모두 17개국에 달했지만, 흰 바탕에 태양만 덩그러니 그려 넣은 국가는 일본이 유일했다. 물론 방글라데시의 경우에는 초록 바탕에 빨간 원이 있지만 이는 자유를 위해 흘린 피를 상징하고 있으며, 파란 바탕에 노란 원이 있는 팔라우의 국기에서 노란 원은 달을 의미하고 있다. 더불어서 태양을 국기에 자주 그려 넣는 아프리카의 국가들은 식민 탈출을 기념하는 의미에서 '자유의 상징'으로 태양을 간주하고 있으며, 건국 이념에 해당하는 상징물도 함께 그려 넣는 경우가 많다. 한데, 아르헨티나와 우루과이는 자국 국기에 햇살은 물론, 태양의 눈, 코, 입 등 얼굴까지 그려 넣고 있으니, 일본인의 입장에서 볼 땐 불경不敬과 불손不遜의 극치를 달리고 있다.

그런 의미에서 필자가 느끼는 일본 태양은 강렬하다 못해 섬뜩하기까

---

* 20년에 한 번씩 거행되는 이세진구 이궁(離宮) 의식을 일컫는 말로, 바로 옆의 빈터로 태양신의 사당을 옮기는 행사다.

북한의 포스터. 태양을 형상화한 원 안에 그려져 있는 김일성의 초상이 눈길을 끈다.

지 하다. 작열하는 만세일계萬歲一系의 황국사관皇國史觀이 도도하게 자리하고 있기 때문이다. 이화여대 명예교수이자 전 문화부 장관인 이어령은 그의 명저 『축소지향의 일본인』에서 "일장기에는 이데올로기가 없다"고 비판했지만, 이는 천만의 말씀. 일장기에는 어떠한 희화적인 도안이나 친화적인 밑바탕도 생략한 채, 지상을 시뻘겋게 달구는 천상천하 유아독존天上天下唯我獨尊의 전제주의가 내재되어 있다. 그런 태양이 열도를 비추노라면 섬나라 민중들은 갈증에 허덕거리며 직수굿하게(저항하거나 거역할 뜻 없이 풀기가 죽게) 마련이다. 한데, 북한에서도 김일성과 김정일을 '민중의 태양'이라 부르며 태양과 동격화하고 있는 것을 보면 태양 숭배 사상이 민중들의 고통과 밀접한 관계가 있긴 한 것 같다(참고로, 북한의 최대 명절은 김일성 생

이름이 '달보기 버거'(쓰키미 바-가-)인 맥도날드 햄버거. 빵과 고기 사이에 넣은 계란이 보인다. ◉

도쿄 와세다 대학교 앞에 위치한 어느 음식점의 디스플레이. 달걀을 얹은 메밀국수(소바)와 우동의 이름이 모두 '달보기'이다. ◉

일인 4월 15일 '태양절'이며, 김정일의 경우 태양이 들어간 호칭만 50개 이상이라고 한다). 생각해보면, 일본에서 선풍적인 인기를 끌었던 만화 『20세기 소년』과 『21세기 소년』에서도 지구 정복을 꿈꾸는 악당이 오사카 만국박람회로 유명해진 '태양의 탑' 꼭대기에 자신의 얼굴을 새겨 넣고 있다. 참고로 1970년 오사카 만국박람회에 등장한 '태양의 탑'은 뒷면에 과거를 상징하는 검은 태양이, 정면에는 무표정한 태양의 얼굴이 있으며 타조 모양의 얼굴 부분은 금빛으로 이루어져 있다. 영화로도 제작된 만화에서는 바로 이 '태양의 탑' 얼굴 부분에 지구 정복을 꾀하는 악당의 가면을 새겨 넣음으로써, 언제라도 제국의 상징으로 전용될 수 있는 '태양'의 속성을 잘 보여주고 있다.

그래서일까? 차마 하늘을 올려다보지 못하는 일본인들은 태양과 닮은 꼴 음식을 먹음으로써 소리 없이 한을 풀어가는 듯하다. 실제로, 덮밥에서부터 우동은 물론, 라면과 초밥 등에 이르기까지 일식日食이라면 어디든 들어가는 계란은 일본인들의 태양 사랑(?)을 여실히 보여주고 있다. 그래도 감히 태양을 먹을 수 없다는 생각에서인지 계란이 들어가는 음식 이름은 '해'의 이항대립적=項對立的 단어인 '달'이다. 달보기月見, 쓰키미 햄버거를 비롯하여 달보기 메밀국수소바, 달보기 우동 등이 필자를 안쓰럽게 한다. 미국에선 태양과 비슷하다고 해서 '서니사이드업sunny side-up'으로 불리는 계란 프라이 역시 일본에서는 '눈알 구이'를 뜻하는 무시무시한 이름의 '메다마야키目玉焼き'로 통용된다.

그런 면에서 볼 때, 2006년 개봉된 일본 영화, 〈태양의 노래〉는 이제껏 나온 여러 일본 관련 영화들과는 조금 색다른 모습을 보여주고 있다. '색소성 건피증'이라는 희귀병에 걸려 태양빛을 쐬면 죽는다는 10대 소녀의 러브 스토리가 줄거리를 이루는 영화에서는 '절대신'이자 '유일신'인 제국의 태양이 악역으로 등장하는 불경함이 복선을 이루고 있다. 하지만 태양을 그리워하는 가사와 미장센을 곳곳에 내보냄으로써, 영화는 결국 숙명을 거스를 수 없는 일본적 한계를 드러내고 만다. 신화와 국기를 버리지

〈태양의 노래〉 영화 포스터. 영화에서는 태양을 상징하는 해바라기가 곳곳에 배치되어 태양을 그리워하는 주인공의 마음을 관객들에게 전달하고 있다.

동네 놀이터의 미끄럼틀 옆 바닥에 그려진 해님. 단언컨대 이렇듯 사랑스럽게 그려진 해는 일본에서 좀처럼 찾아보기 어렵다.

않는 한, 시시포스*의 돌을 산꼭대기로 영원히 옮겨 날라야 하는 굴레를 짊어진 이들이 '태양의 후손'이기에.

1,400여 년 전. "해가 뜨는 곳의 천자가 해가 지는 곳의 천자에게"라는 서신을 수나라에 보냄으로써 일본인들에게 무한한 자부심을 불어넣었다는 쇼토쿠聖德 태자. 만약 그가 태양 숭배 사상이 자국민들을 자승자박自繩自縛의 운명 속으로 몰아넣었다는 사실을 알게 된다면 어떤 생각을 할까?

---

* 그리스 신화 속의 인물. 신들의 왕 제우스와 저승의 신 하데스를 속이고 환생(還生)한 죄로, 정상에 다다르면 다시 아래로 굴러떨어지는 바위를 영원히 산꼭대기로 밀어 올리는 벌을 받았다.

여기서 잠깐

재팬과 닛폰

일본日本은 한자어 그대로 태양의 근본을 뜻하는 나라 이름이다. 그 때문에 일본에서는 일본 고유의 발음으로 자국을 표기하는 '닛폰Nippon'을 최근 들어 자주 사용하고 있다. 이는 日本의 중국어 발음인 '지펀'이 유럽으로 건너가면서 '재팬'으로 바뀐 역사적 사실과 무관치 않다. 우리나라로 따지자면 국제적으로 통용되는 '코리아'고려에서 변한 말 대신 '한국Hankook'으로 국명을 바꾸려는 것이라고나 할까?

02 태양의 제국? 태풍의 제국!

바람아
멈추어
다오

1980년대 말은 전국을 열풍熱風의 도가니로 몰아넣은 가수 '이지연'의 전성시대였다. 〈그 이유가 내겐 아픔이었네〉로 혜성같이 등장해 빼어난 미모와 뛰어난 가창력으로 브라운관을 점령한 그녀는 당시 모든 한국 남성들의 우상이자 여신이었다. 그런 그녀가 무명의 기타리스트와 결혼하며 우리 곁을 떠나기 전, 마지막으로 선사했던 노래가 〈바람아 멈추어다오〉였다.

이야기가 다소 길어졌다. 가수 이지연으로 글머리를 연 이유는 이번 글의 주제가 바람이기 때문이다.

태평양의 왼쪽 끝자락에 위치한 데다 계절풍인 몬순 지대에 자리하고 있어 온갖 바람이 건드리고 지나가는 나라가 일본이다. 사시사철은 물론, 밤낮도 가리지 않고 불어닥치기에 열도의 진정한 패자霸者는 "태양이 아닌 바람"이라는 것이 필자의 B급 견해이기도 하고. 오죽 바람이 많으면 바람

서울의 이태원에 해당하는 도쿄 롯폰기에는 코엑스 몰 같은 건축물들이 서로 연결되어 빌딩군을 이루는 '미드타운'이 있다. 사진은 '미드타운' 한가운데에 위치한 공터 위에 설치된 철골 구조물. 건물들 사이에서 불어오는 '비루카제'(빌딩 바람)가 워낙 거세다 보니 조금이라도 풍속을 줄여보려는 자구책으로 나중에 세워졌다고 한다. ☞

을 부르는 이름만도 계절에 따라 50여 가지가 넘으며, 지역에 따라서는 그 명칭이 무려 2,000개에 달할까? 그리고 보니, 건물 사이에서 부는 바람조차 '비루카제'('비루'란 빌딩을, '카제'란 바람을 일컫는 일본어임)란 이름을 지니고 있다. 해서, 날씨를 통해 바람을 예측하는 구전口傳도 예로부터 부지기수였다. 예를 들어, "아침 해가 옅은 청색이면 큰 바람이 일고, 노란색을 띠면 폭풍우가 오며, 일출日出에 노란 구름이 걸치면 북풍北風이 강하게 온다"는 식으로.

　　사실, 일본에 바람이 많다는 것은 전혀 새삼스러운 일이 아니다. 조선 초, 수차례의 방문을 통해 누구보다 일본 사정에 정통했던 신숙주는 『해동제국기海東諸國記』라는 자신의 저서를 통해 "마침 일본 국왕에게 통신사를

(위) 매년 상영되다시피 하고 있는 도라에몽 극장판의 2003년 시리즈
는 〈노비타와 이상한 풍술사〉였다. 사진은 영화 속의 한 장면으로 풍
차가 가득 펼쳐져 있는 바람족의 마을 전경.

(왼쪽) 1984년도에 개봉된 애니메이션 〈바람 계곡의 나우시카〉 포스
터. 일본 애니메이션에서 바람을 주요 소재로 다루는 것은 전혀 낯선
일이 아니다.

보내려 하였으나 비바람이 심하고 먼 곳이
어서 일본에서 사신으로 온 여러 추장 중에
서 사신을 삼고자 하였다"고 언급하고 있다. 생각해보면, 〈바람 계곡의
나우시카〉(1984)라는 일본 애니메이션의 영화 배경도 실은 일본을 상징하
는 무대장치에 속한다. 우리에게는 〈미래소년 코난〉과 〈이웃집 토토로〉
로 더욱 잘 알려진 미야자키 하야오宮崎駿 감독의 작품인 이 영화는 풍력風力
을 에너지원으로 평화롭게 살아가던 바람 계곡 주민들의 투쟁을 그리고
있다.

　　전 세계 누적판매 부수 2억 1,000만 부(2001년 기준)라는 경이적인 기록

바람이 많은 데다 강도마저 거세다 보니 빨래 말리기에는 좋은 나라가 일본이다. 왼쪽 사진은 빨래 철봉에 매달려 있는 각양각색의 '샹들리에형' 빨래집게. 한국보다 남쪽에 위치한 데다 태풍이 빠져나가는 경로에 자리 잡고 있다 보니 일본에 불어닥치는 바람의 세기와 횟수는 우리의 상상을 훌쩍 뛰어넘는다. 웬만큼 튼튼한 바지랑대도 넘어지기 일쑤여서 고안된 것이 건물에 부착된 빨래 건조대이다(오른쪽). 구멍 사이에 길게 걸치는 빨래 철봉은 슈퍼마켓 등에서 별도로 판매한다. ☜

의 일본 만화『도라에몽』(후지코 후지오 지음) 역시 극장판 애니메이션을 통해 열도 특산물인 바람에 대한 에피소드를 선보이고 있다. 2003년 일본에서 상영된〈노비타와 이상한 풍술사〉가 그것으로 영화에서는 '태풍의 아이'라는 바람 캐릭터가 등장해 주인공 일행을 바람족 마을로 인도한다. 물론, 여기에서도 악역은 우주를 점령하려는 폭풍족이 맡고 있으며, 영화 안에서는 회오리바람과 폭풍, 태풍 등 온갖 종류의 바람들이 화면을 가득 메운다.

애니메이션 속의 바람 계곡 주민들이 자유를 지키기 위해 악당들과 싸우는 동안, 현실 속의 일본 주부들은 바람으로부터 빨래를 지키기 위해 오늘도 고군분투하고 있다. 바람이 많다 보니 빨래 말리기에는 제격이지만 강한 바람에 조심하지 않으면 빨래를 잃는 경우가 허다하기 때문이다. 그런고로 일본의 빨래집게는 한 번 물면 좀처럼 사냥감을 놔주지 않는 강한 악력握力을 지니고 있다. 필자가 '샹들리에'로 즐겨 부르는 빨래집게는 여러

비싼 기와지붕을 감당하지 못한 서민들은 옛날부터 나무널판 지붕이 날아가지 않도록 지붕 위에 수많은 돌을 얹어 놓았다. 사진은 오사카 역사박물관 내에 전시된 에도 시대의 일본 민가 모습. 격자에 맞춰 반듯하게 지붕에 얹어놓은 돌들이 인상적이다. ◉

제2차 세계대전 말기, 완연히 기운
전세를 뒤집기 위해 당시 일본 군부
에서는 전투기를 몰고 미 함대를 들
이받도록 자살 특공대를 내보냈다.
사진은 1953년 제작된 일본의 가미
카제 특공대 기록 영화를 DVD와 비
디오로 발매한다는 광고 포스터.

'태양의 제국'이라지만, '태풍의 제
국'이기도 한 일본은 해마다 십수 개
의 태풍으로 온 나라가 몸살을 앓는
다. 사진은 2000년 일본을 강타한
태풍의 위성 사진. 일본의 동북부를
빠져나가고 있는 태풍이 보인다.

개의 빨래를 널기 위해 고안된 제품으로
20~30여 개의 빨래집게들이 하나의 고리에
주렁주렁 매달려 있다. 그런 샹들리에형 빨
래집게들은 바람 부는 날이면 아파트 베란
다에서 수십, 수백 개씩 군무群舞를 연출하곤
한다.

돌이켜보면, 지리적으로 비바람이 심할
수밖에 없는 일본은 그 명明과 암暗을 동시해
맞봐야만 했다. 밝은 면을 거론하자면, 거친
비바람 때문에 외세外勢가 함부로 접근할 수
없었기에 독창적인 문화 발전이 지속 가능
했다는 점을 꼽을 수 있다. 어느 학자에 따르
면, 한반도는 유사 이래 1,000번 이상 외적의
침입을 받았다는데, 일본은 제2차 세계 대전
에서 패하기 전까지는 단 한 번도 외세의 침
입을 받은 적이 없었다니 그저 부러울 따름
이다. 그 때문에, 인류 역사상 최강국이었던
몽골이 두 차례에 걸쳐 고려 연합군과 열도
침공을 시도했을 때에도 풍전등화風前燈火 속
의 일본을 지켜준 것은 훗날 '신의 바람'神風, 가
미카제으로 명명된 태풍이었다. 제2차 세계대
전 말기, 기울어가는 전세를 뒤집기 위해 가
미카제 특공대를 편성해 미 항공모함의 사

령탑에 달려들던 제로기들도 그런 '신의 바람'을 다시 한번 일으켜보겠다는 군국주의자들의 마지막 발악이었다.

반대로 어두운 면을 들여다보자면, 이웃 국가들로부터 잊힌 채 철저하게 '나 홀로' 섬에 남게 했던 원인 제공자 역시, 시도 때도 없이 몰아치는 바람이었다. 이러한 자연환경이 섬나라인 일본을 더욱 독특하게 진화시키는 데 한몫했음은 물론이다. 일본을 주변국들로부터 떼어놓았던 신풍은 또, 두고두고 후손들의 희생을 야기하며 오늘날까지 열도에서의 삶을 고단하게 하고 있다.

인터넷을 돌아다니며 조사해보니, 한 해에 동남아시아의 태평양 상공에서 발생하는 태풍 수는 평균 27개 정도. 이 가운데 3개 정도가 일본에 직접적인 영향을 미치지만, 본토 인근(300㎞ 이내)까지 접근해 오는 태풍을 포함할 경우에는 매년 11개 정도의 태풍이 일본을 지난다고 한다. 사정이 이렇다 보니, 여름엔 사흘에 한 번 정도 큰바람이 불어닥치곤 한다. 수시로 찾아오는 바람은 또, 하늘의 상황도 시시각각 바꿔놓는다. 아침에는 화창했던 하늘이 점심엔 돌연 시커메지면서, 저녁에 천둥 번개가 쳐도 이상하지 않은 까닭이 여기에 있다. 그런 바람에 자주 고뿔이 들어서였을까? 일본에서는 "감기에 걸렸다"라는 말을 "바람에 덜미를 잡혔다"*고 표현한다. 그렇다고 감기를 일으킨 바람이 신풍과 같을 수는 없기에 사악한 바람 邪風으로 표기될 따름이다. 열도를 괴롭히는 바람은 비와 만나 '비바람'아메카제이 될 경우, '고생'과 '가난'을 의미하는 단어로 통용되기도 한다.

이런 일본의 바람을 회화적으로 잘 표현한 이가 바로 일본의 국민화가

---

* '감기에 걸렸다'의 일본어 표현은 '風邪を引く(가제오 히쿠)이다. 바람(가제)과 감기(風邪)의 발음은 같지만, 한자어 표기는 다르다.

일본을 괴롭히는 바람은 그림 소재로도 종종 활용되었다. 이 그림은 에도 시대의 풍속화 화가 가쓰시카 호쿠사이의 '후지산 36경' 시리즈 중 제1경인 〈가나가와 난바다 속〉. 후지 산을 남쪽에서 바라본 그림으로, 조각 배 위의 넘실거리는 파도를 통해 바람이 얼마나 강하게 부는지 짐작할 수 있다.

였던 가쓰시카 호쿠사이葛飾北齋. 에도江戸시대에 맹활약했던 화가로 풍속화인 우키요에*浮世畵의 대가로도 유명한 그는 '후지산 36경景' 시리즈 중 제1경인 〈가나가와 난바다 속〉의 거센 파도를 통해 일본의 바람이 얼마나 세찬지 생생하게 그려냈다.

안타까운 사실은 그런 거센 바람이 비와 함께 태풍으로 들이닥치며 산사태와 홍수, 전염병과 이재민 등 온갖 재해를 동반해왔다는 점. 그러니 수천 년 동안 반복되어온 자연의 위력 앞에 섬나라 사람들은 직수굿하게 엎드릴 수밖에 없었으리라. 더불어 태풍이 지나가고 난 뒤, 협동을 통한 재해 복구는 지속적인 생존을 위한 필요조건이었을 터.

해서, 생사가 걸린 상황을 자주 맞닥뜨려야 했던 입장에서 마을에 도

---

* 무로마치(室町) 시대에서부터 에도 시대 말기(14~19세기)까지 목판화로 만들어진 풍속화.

'고이노보리' 축제에 등장하는 잉어 모양의 깃발. 바람 많은 일본에는 적격인 깃발로 잉어의 입을 통해 들어간 바람이 꼬리로 나오도록 고안되었다. '고이노보리'란 '잉어 올리기'란 의미로, 중국 황허의 급류를 거슬러 올라간 잉어가 용이 되었다는 고사에서 유래한 것이다. 사내아이들의 입신양명(立身揚名)과 건강을 빌기 위해 해마다 5월 5일에 치르는 일본의 전통 축제이다(사진 출처: 위키피디아 커먼스).

개장한 지 얼마 안 되는 도쿄의 어느 돈가스 집 앞. 똑같은 깃발을 무려 7개나 내걸며 손님들의 이목을 끌어보려 애쓰고 있다. 역시, 바람 많은 일본에서만 볼 수 있는 독특한 풍경이다. ☞

태풍이 휩쓸고 지나간 뒤의 도쿄 다카다노바바(高田馬場) 지하철 역전 모습. 거센 비바람을 이겨내지 못하고 망가진 우산들이 역 앞에 버려진 채 쓰레기와 함께 쌓여 있다. ☞

움이 안 되는 주민은 예로부터 '이지메'와 '무라하치부'(마을의 공동 작업에 태만한 자 등에게 가해진 집단 응징. 수해가 발생해도 일절 거들어주지 않았음)라는 따돌림으로 다스려온 것이 일본의 슬픈 역사라면 지나친 비약일까? 거센 바람은 또, 애니미즘과 결부된 일본인들의 신토神道 사상을 종교로 승화시키는 역할마저 톡톡히 해낸다. 지금도 5월 5일 어린이날이면 어김없이 잉어 모양의 깃발을 만들어 사내아이들의 건강을 비는 '고이노보리' 축제도 기실, 드센 바람의 힘을 빌려 자손의 건강과 안녕을 기원하려는 제례 의식이다. 따져보면, 바람을 활용해 음식점들이 가게 앞에 깃발을 늘어놓는 것이나, 빨래 건조대를 주택 벽면에 아예 부착시켜 버리는 등의 상술과 지혜 모두 열도의 독특한 기상氣象이 낳은 산물들이다.

다행히 근래 들어 신풍神風과 사풍邪風을 모두 청정 자원으로 활용해보려는 노력이 지속적으로 이뤄지고 있다. 하지만 바람의 변덕이 몹시 심하기에 안정성이 떨어져 송전시설에 부담을 준다고 한다. 시쳇말로 얘기하자면, 좀처럼 "도움이 되지 않는" 바람인 셈이다.

그래도 "비 온 뒤에 땅이 굳는다"는 옛말처럼 혹독한 자연환경은 일본인으로 하여금 역대 어느 국가보다 비바람과 태풍, 홍수와 산사태에 강한 국가를 만드는 데 톡톡히 일조一助했다. 그래서 새옹지마塞翁之馬라 하지 않는가?

03

비와
홍수
이야기

　"신바시新橋, 니혼바시日本橋, 이다바시飯田橋, 스이도바시水道橋, 아사쿠사바시淺草橋, 다케바시竹橋, 에도가와바시江戸川橋……." 모두 도쿄에 있는 지명으로 이름에 다리가 들어가는 전철역들이다. 비가 많으니 물이 많고, 물이 많으니 자연스레 다리가 많아질 수밖에 없는 나라. 그런 의미에서 일본은 비 많고 물 많은 '다리의 왕국'이다.

　연평균 강수량 1,718㎜로 세계 평균인 973㎜를 두 배 가까이 넘으며, 이웃 나라인 한국(1,245㎜)보다는 30% 이상 강수량이 많은 나라가 일본이다. 그렇다고 비가 우리나라처럼 주로 여름 온다고 생각하면 오산이다. 초봄부터 늦겨울에 이르기까지 한 계절도 쉬지 않고 지겹게 내리는 게 일본 비이기 때문이다. 자연히 우산은 일 년 내내 열도인들이 챙겨야 하는 생필품에 가깝다.

　그래서일까? 영국 신사하면 우산을 빼놓을 수 없다지만, 일본 역시 우산에 관해서는 둘째가라면 서러워할 국가다. 세계에서 가장 앞선 우산 제

일본에서 가장 인상적이었던 우산 보관소. 롯폰기에 있는 국립신미술관 앞에 우주선 원반 같은 지붕을 한 현대적 건물(위)이 있기에 무엇인가 하고 다가가 들여다봤더니 바로 우산 보관소였다(아래). 가운데에 놓인 12각형의 우산 보관함과 함께, 건물의 벽을 따라 수백 개의 우산 보관대가 마련되어 있다. 구로카와 기쇼(黑川紀章)가 설계한 일본의 자랑, 국립신미술관의 안으로 들어가면 어느 곳에 렌즈를 들이대며 셔터를 눌러도 예술 작품이 나오는 빛의 궁전이 펼쳐진다. ◉

조 기술을 보유한 데다 우산 보관대 등 제반 시절마저 완벽하게 운영하고 있는 나라인 까닭에서다. 그리고 보면, 농사 일이 법적으로 금지된 에도 시대의 사무라이들은 입에 풀칠이라도 하기 위해 가장 쉽게 손댄 부업副業이 우산 제조였다. 이러한 국가적 전통은 지금도 면면히 이어져, 접이식에서부터 초소형, 초경량 등에 이르기까지 온갖 종류의 우산을 생

몰락한 사무라이 집안의 후손들이 우산 제조로 생계를 이어가고 있는 것을 묘사한 어느 일본 애니메이션. 아들이 우산을 만들고 있는 와중에도 사무라이식 상투(존마게)를 튼 채 검은 칼자루를 쥐고 있는 아버지의 모습이 인상적이다. ◉

산하는 나라가 일본이다. 그런 저력은 또, 일본을 다녀간 한국인 관광객들이 부지불식간에 손쉬운 귀국 선물로 우산을 찾도록 유도하는 강점을 발휘한다.

비 많고 물 많은 땅이 질퍽거리는 것은 당연지사. 그래서 예로부터 열도의 백성들은 나막신을 우리네 짚신처럼 신고 다녔다. 생각해보면 네덜란드를 배경으로 하는 일본 애니메이션 〈플란다스의 개〉에서도 주인공 네로가 돈이 없어 맨발로 다닐 때, 마을의 부잣집 외동딸인 아로아는 예쁜 나막신을 신고 다녔다. 물보다 낮은 지역을 개발했기에 땅바닥이 질퍽거렸던 네덜란드의 환경이 일본인들에게 더욱 친근하게 다가온 장면이라 아니할 수 없다. 이와 관련해 19세기 말, 일본인으로 귀화한 영국인 작가 라프카디오 헌은 그의 책에서 재미있는 일화를 전하고 있다.

보통 사람은 게다(일본 사람들이 신는 나막신)를 신고 제자리에 서는 것조차 쉽지 않다. 그러나 일본 아이들은 적어도 3인치(약 7.6㎝) 높이의 게다를 신고

물에 대한 일본의 실상을 가장 잘 보여주는 그림으로 19세기 초의 전설적인 판화가, 안도 히로시게(安藤廣重)의 〈오하시 아타케의 저녁 소나기〉(大はしあたけの夕立)를 들 수 있다. 어느 여름날, 시커먼 하늘에서 소나기가 쏟아져 내리자 삿갓과 거적을 뒤집어쓴 채, 나무다리를 급히 건너는 일본인들의 모습이 잘 묘사되어 있다. 이 그림을 포함한 일본의 풍속화 우키요에는 이후 유럽으로 건너가 인상파 화가들에게 커다란 영향을 미쳤다. 오른쪽 사진은 네덜란드의 화가 고흐가 히로시게의 작품을 똑같이 모사(模寫)한 〈빗속의 다리〉.

빠르게 달릴 수 있다. 그들은 넘어지지도 않고 발에서 게다가 벗겨지지도 않는다. 어른이 신는 게다는 보통 높이가 5인치(약 12.7㎝) 정도인데 남자들이 이런 게다를 신고 돌아다니는 모습을 보면 정말 기이하다. 그들은 발에 아무것도 신지 않은 사람처럼 자유자재로 돌아다닌다(헌, 2010: 48).

열도에 사람들이 거주하기 시작한 이래, 수천 년 동안 되풀이되어온

폭우와 홍수는 적어도 물에 관한 한 일본인들에게 누구보다도 철저한 대책을 세우도록 강제해왔다. 예를 들어, 도쿄를 관통하는 스미다隅田 강은 하천의 양안兩岸을 콘크리트 방벽으로 둘러친 데다 곳곳에 수문을 설치해, 시외에서 시내로 흘러들어오는 지류들을 완벽하게 통제하고 있다. 더욱 놀라운 사실은 폭우로 넘칠지 모르는 강의 수위를 조절하기 위해 낙수落水를 저장할 탱크까지 지하에 설치하고 있다는 것. 실제로, 도쿄 북서쪽에 위치한 사이타마埼玉 현 가스카베春日部 시는 도쿄 지역에 집중호우가 발생할 경우 스미다 강이 범람할 것에 대비해 낙수 저장 탱크를 지하에 마련하고 있다. 1급 군사시설로 지정되어 군 당국의 허가를 받아야만 견학이 허용되는 이곳은 세계 최대 규모의 저장용량을 자랑하며, 폭우로 인한 스미다 강의 범람을 사전에 방지하고 있다. TV의 특별 방송을 통해 간간이 그 존재를 세상에 드러내는 이곳은 5개의 수직갱을 포함해 5층 높이에 해당하는 18m짜리 기둥들이 텅 빈 지하 공간을 떠받치고 있는 수조水槽로 구성되어, 해리슨 포드가 주연했던 영화 〈레이더스〉의 마지막 장면을 연상시킬 만큼 어마어마한 규모를 자랑하고 있다. 그런데도 초여름마다 도쿄의 장마 대비 시스템이 불안하다며 호들갑을 떠는 일본 방송을 보노라면, 완벽을 추구하다 못해 신의 영역에까지 도전하려는 일본인들의 철두철미함에 혀를 내두르게 된다.

2011년 7월 27일, 서울 서초구 일대에 집중호우가 쏟아졌다. 이날의 게릴라성 집중호우로 우면산 기슭이 무너져 내리면서 토사가 인근의 주거 지역을 덮쳐, 결국 서울 지역에서만 모두 16명이 죽은 대참사가 발생했다. 당시 서초구에는 104년 만에 처음이라는 시간당 최대 86㎜의 집중호우를 포함해서 세 시간 동안 161㎜의 비가 쏟아져 내렸다. 하지만 그런 호우가

——
(위) 도쿄 스미다 강으로 흘러드는 간다가와(神田川) 지류. 평상시에는 바닥이 드러날 정도로 물이 적지만, 소나기라도 내리면 물이 무섭게 불어나 빠른 속도로 흐른다. 하천 전체를 콘크리트로 뒤덮은 치수(治水) 방식이 우리에겐 낯설기만 하다. ◉

——
(아래) 사이타마현 가스카베시 지하에 마련되어 있는 대규모 빗물 저장 수조. 마치 영화에서나 나올 법한 거대 신전을 보는 듯하다. 사진 아래에 서 있는 사람들의 크기에서 지하 수조의 규모를 짐작할 수 있다. ◉

하루 이틀도 아닌 며칠씩 이어지는 여름이 매년 되풀이된다면?

돌이켜보면, 천재天災의 왕국 일본은 한반도인들이 상상도 못할 수재水災를 수천 년간 몸서리치게 겪어왔다. 나름대로 호우 대비가 과거에 비해 훌륭하게 갖춰지기 시작한 20세기 하반기 들어서만 해도 무수한 재해가 숱한 목숨을 앗아갔다. 그 가운데 가장 피해가 컸던 것이 나가사키 호우로 잘 알려진 1982년의 폭우. 7월 23일부터 사흘 동안 규슈九州의 나가사키長崎 하늘에 구멍이 뚫리며 쏟아져 내린 비로 사상자와 행방불명자만 299명에 이를 정도의 국가적 비극이 발생했다. 당시 나가사키는 11일간에 걸쳐 무려 600㎜의 비가 쏟아지는

필자가 살던 맨션의 현관에 설치된 우산 걸이. 비에 젖은 우산을 집 안에 갖고 들어오지 않고 밖에 걸어 놓을 수 있도록 배려한 설계가 기발하다. ◉

우산 걸이는 집 문 앞에만 설치된 것이 아니다. 화장실 변기 옆에도 설치되어 있어 편안하게 우산을 걸고 무사히 일을 볼 수 있다. ◉

바람에 이미 호우경보가 내려져 있었던 상황이었다. 그런 가운데 23일 오후 7시부터 3시간에 걸쳐 7월 한 달간의 평균 강수량을 웃도는 315㎜의 비가 다시 쏟아져 내리면서 곳곳에서 산이 무너져 대규모 토사가 발생했다. 이후, 격랑 속으로 흘러들어 간 자갈과 모래는 포탄 같은 흉기로 돌변한다는 의미에서 일본인들이 철포수鐵砲水라 부르는 끔찍한 흙탕물로 변해, 주

비가 하도 잦다 보니 영업을 하는 사람들의 방우(防雨) 노하우도 보통을 넘어선다. 사진은 헌책방으로 유명한 도쿄 진보초(神保町) 거리의 어느 헌책방. 갑자기 비가 들이닥치자 주인이 바로 차양을 올리고 비닐 커튼을 치며 책을 보호하고 있다. ◉

변의 모든 마을을 형체도 없이 쓸어버렸다.

1967년 8월 26일에도 니가타新潟, 야마가타山形, 후쿠시마福島 등 3개 현에 하루 동안 500㎜의 호우가 쏟아져 사망자 113명, 행방불명자 33명, 부상자 1,980명이라는 대규모 인명피해가 발생했다. 1972년 7월 4일에는 밤새 시코쿠四國의 고치高知 현에 집중호우가 내리기 시작해, 천둥·번개를 동반한 폭우가 쏟아지며 다음 날 아침까지 시간당 최소한 60㎜ 이상의 비가 24시간 동안 내렸다. 결국, 대규모 산사태가 발생하며 폭 100m, 길이 150m 정도의 거대한 흙더미가 마을을 덮쳐 61명이 사망하고 20여 채의 가옥들이 무너져 내렸다. 정작 더 큰 문제는 다음 날 발생했다. 고치 현을 강타한 장마 전선이 구마모토熊本 현과 미야자키宮崎 현으로 이동하며 자갈 흙탕물인 철포수를 마구 쏟아내 다시 100명이 추가로 사망했기 때문이다.

안타까운 사실은 완벽을 기하려는 일본인들이 호우 대비에 최선을 다하는 가운데 이 같은 비극이 되풀이된다는 것이다. 예를 들어, 일본 기상청의 강우량 관측 시스템으로 알려진 '아메다스'AMeDAS는 전국 1,313개 지

도쿄의 에도 박물관 안에 설치된 1800년대 일본의 모습. 나무로만 세운 다리의 규모가 상상을 초월할 정도로 거대한 데 한 번 놀라고, 모형의 정교함에 다시 한 번 놀라게 된다. ◉

점에 지역 강우량 관측소를 두고, 그 가운데 약 840개 지점에서 보내온 기온과 풍향과 풍속, 일조日照 등을 합한 정보를 토대로 자국의 하늘을 속속들이 파악하려 하고 있다. 하지만 이들 관측소가 전국적으로 17㎞ 거리마다 한 개꼴로 촘촘히 배치되어 있음에도 1976년 10월 18일의 도쿠시마德島현 무기초牟岐町 호우 같은 사례는 여전히 잡아내기 어려운 것이 현실이다. 당시 3시간 동안 400㎜ 이상이 쏟아진 기습폭우로 350여 채의 집들이 물에 잠기고 산이 붕괴되었으며, 제방과 도로가 파괴되어 1,000여 명의 이재민이 발생했다.

이러한 일본의 호우豪雨 스트레스를 적절히 반영하는 격언이 바로 '인간 제물을 내지 않으면 장마가 그치지 않는다'라는 무시무시한 옛말이다. 이와 함께 '(힘들고 괴로운 일은) 물에 흘려보내라'라는 잠언藏言 또한 물 많고 재난 많은 일본에서 자연발생적으로 생긴 속담이고. 하늘이 노했기에 인간의 목숨을 바쳐야만 천지신명의 노여움을 풀 수 있다고 생각한 조상들이 가슴 아픈 기억은 마을 앞 강물에 빨리 흘려보내고 살아 있는 자신의 일에 집중하라는 의미에서 대대손손 물려준 생존 계명誡命인 것이다.

과거사에 대한 반성이 부족하다고 노박이로(줄곧. 오랫동안) 비판받는 일본인들의 태도가 도덕성 미비 때문이라기보다, 저주받은 땅에서의 정신적인 고통을 최소화하기 위한 고육지책苦肉之策으로 이해되는 부분이 아닐 수 없다.

일본인들의 나무다리

　　일본의 역사박물관이나 국립박물관에 가면 반드시 등장하는 단골 유물遺物 가운데 하나가 다리橋이다. 박물관 안에 축소 또는 실제 크기의 다리를 설치해놓고 에도 시대의 풍경을 재현하는 것이 그것이다. 필자가 추측하건대, 세상에서 나무다리를 가장 잘 만드는 이들은 일본인이 아닌가 싶다. 풍부한 삼림 자원을 바탕으로 물 많은 나라에서 살아남기 위해 일본인들은 예로부터 수도 없이 많은 나무다리를 지었다.

─────
도쿄 에도 박물관에 설치된 실물 크기의 나무다리. 박물관에 들어오면 제일 먼저 관람객들을 맞이하는 유물이다. 이 다리를 건너 2층에서부터 동선을 따라 이동하다보면 어느새 1층인 다리 밑에 도착하게 된다. 관람객들의 중간 휴식처로 삼고자 이곳에 좌석을 설치한 박물관 측의 설계가 감탄스러울 따름이다. ◉

04

이상한
나라의
일본인들

국경의 긴 터널을 빠져나오자, 눈의 고장이었다. 밤의 밑바닥이 하얘졌다. 신호소에 기차가 멈춰 섰다. 건너편 자리에서 처녀가 다가와 시마무라 앞의 유리창을 열어젖혔다. 차가운 눈기운이 흘러들어왔다. 처녀는 창문 가득 몸을 내밀어 멀리 외치듯, "역장님, 역장님~"(가와바타 야스나리, 2009: 7).

한 해의 절반이 눈으로 뒤덮인 고장, 니가타. 현대 일본 문학의 거장 가와바타 야스나리川端康成는 그런 무대를 배경으로 소설 『설국』을 내놓는다. 무려 13년에 걸쳐 다듬은 중편 소설. 『설국』은 이후 가와바타 야스나리에게 일본인 최초의 노벨 문학상 수상이라는 영예를 안기며 '니가타'를 세상에 알리는 전도사가 된다.

화산과 온천 탓에 열도列島보단 열도熱島로 쉬이 인식되는 나라. 그런 일본은 또한 패션 디자이너 앙드레 김이 순백純白의 영감을 『설국』에서 얻도

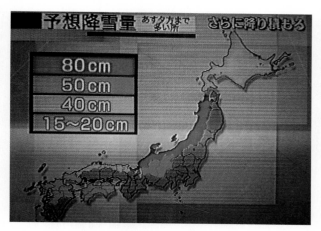

2009년 12월에 방영된 일본 TV의 일기예보. 다음 날 저녁까지 혼슈의 동북부 지방에 폭설이 예상된다는 내용으로, 빨간 지역의 예상 강설량은 자그마치 80㎝에 달한다. ☞

록 도와준 '호설'*豪雪의 나라이기도 하다. 문화적 지형이 열도를 오사카大阪, 교토京都의 간사이關西와 도쿄, 요코하마横浜의 간토關東로 나눈다면, 지리적 지형은 눈이 내리는 곳과 눈이 내리지 않는 곳으로 구분 지을 만큼 열도의 운명을 극명하게 갈라놓는 것이 눈이기 때문이다. 실제로, 일본 혼슈本州의 동북 지역은 한번 눈이 내리기 시작하면 1~2m를 훌쩍 넘기에 온갖 종류의 눈 축제와 얼음 축제가 겨우내 행해지고 있다. 그러고 보면, 야스나리가 자신의 소설에서 니가타로 들어서는 곳을 '국경'이라 표현한 것이나, 책 제목을 '설국'으로 뽑은 자체가 일본 속에 존재하는 또 다른 일본을 잘 표현했다는 느낌이다.

일본에 체류하던 2010년 1월, 필자 가족은 니가타 현의 '에치고유자와'越後湯沢라는 스키장에 다녀온 적이 있다. 지도 상으로는 도쿄에서 북으로 150㎞ 남짓에 불과한 거리. 출발 당시 도쿄는 섭씨 10도 안팎으로 화창하

---

* 폭설의 일본식 표현. 일본에선 강설량이 대단히 많은 눈을 '호설'이라 부른다.

스키장 가는 길에 차 안에서 찍은 풍경. 길가에 쌓인 눈의 높이가 웬만한 대형차 높이와 맞먹는다. ◉

필자가 가족들과 함께 1박 2일 동안 머물렀던 에치고유자와 스키장. 온종일 내리는 눈으로 인해 하늘과 땅이 잘 구분되지 않을 정도였다. 리프트의 길이는 5km에 달했지만 인근에 스키장이 많은 까닭에 사람들이 예상보다 많지 않아 주변이 괴괴하게만 느껴졌다. ◉

기 그지없는 초봄 날씨였다. 하지만, 수십 개의 터널을 통과하며 신칸센新
幹線으로 1시간을 달린 뒤 도착한 니가타는 필자를 '이상한 나라'에 온 '엘리
스'로 만들고 말았다. 대낮인데도 우중충한 잿빛 하늘은 쉴 새 없이 함박
눈을 토해내고 있었고, 거리에선 온갖 종류의 제설차들이 끊임없이 눈과
얼음을 밀어내고 있었다. 명저『국화와 칼』을 통해 겸손하면서도 폭압적
인 일본인들의 모순성을 당혹스럽게 그렸던 루스 베네딕트Ruth Benedict처
럼, 기후조차 극단적으로 공생共生하는 일본을 충격적으로 받아들일 수밖
에 없는 필자였다.

　　지형학적 측면에서 볼 때, 열도의 북부에 겨우내 호설이 내린다는 것
은 전혀 낯설지가 않다. 겨울이면 동해의 바닷물을 잔뜩 머금은 북서풍이
남동쪽으로 내려오다 열도 북쪽의 험한 산들을 넘는 과정에서 모든 수증
기를 눈으로 쏟아내기 때문이다. 해서, 나가노長野, 니가타를 비롯해 드라
마〈아이리스〉에도 소개된 바 있는 아키타秋田는 자연의 수혜(?)를 고스란
히 받아내는 눈 창고나 다름없다. 그렇다면 이들 북부 지역에 내리는 눈의
양은 얼마나 될까?

　　2010년 1월 초, 서울에 눈 폭탄이 내려 도시가 1주일가량 마비된 적이
있었다. 당시 서울을 강타한 눈 폭탄의 적설량은 25.7㎝. 어린아이라면 무
릎까지 묻힐 정도로 상당한 규모였다. 하지만 적설 지역으로 분류되는 일
본 북부에서 20~30㎝는 한나절에 내리는 정도의 적설량밖에 되지 않는
다. 실제로, 구로베黑部 산록처럼 혼슈本州의 동해안 쪽에 자리한 지방은 초
여름으로 넘어가는 5월까지 무려 15m 안팎의 눈이 쌓인다고 한다. 그런
호설 지역의 연평균 적설량은 자그마치 7~8m. 더불어 적설 일수 역시 여
타 지역과는 비교가 안 될 정도로 길어, 위도에 비해 눈이 그다지 많이 오

北越雪譜序

에도 시대에 처음으로 동북부 지역의 생활상을 알린 스즈키 보쿠시의 《북월설보》. 당시의 거주민들이 무슨 의복으로 겨울을 나며, 이동과 제설 작업은 어떻게 했는지를 상세히 기록했다. ◉

지 않는 홋카이도北海島만 하더라도 1년의 3분의 1일인 120일 동안 눈이 내
린다.

그래서일까? 예로부터 일본 혼슈의 북쪽 지역은 중앙 정부의 행정력
이 거의 미치지 않는 오지奧地 중의 오지였다. 그런 까닭에 동북 지역의 겨
울 생활상이 중앙 정부를 비롯해 여타 지역에 널리 알려지기 시작한 게 불
과 19세기다. 스즈키 보쿠시鈴木牧之가 목판화 그림과 함께 니가타의 생활,
문화 등을 기술한 《북월설보北越雪譜》를 간행하면서 '이상한 나라의 일본인'
들이 세상에 처음으로 알려지기 시작한 것이다. 그런 의미에서 1995년 유

유네스코에 의해 세계 문화유산으로 지정된 기후 현 시라카와고 지방의 갓쇼즈쿠리 주택 모습. 일반적인 경사의 지붕은 엄청난 눈의 무게를 견디지 못하기에 고안된 방설(防雪) 지붕이다(사진 출처: Bergmann, 위키피디아 커먼스).

네스코에 의해 세계 문화유산으로 지정된 기후岐阜 현의 시라카와고白川郷와 도야마富山 현의 고카야마五箇山 마을은 호설이 남긴 인류학적 보물들이다. 마치 두 손 모아 합장하는 듯한 형태의 뾰족한 맞배지붕으로 유명한 두 지역은 눈에 의해 지붕이 무너지지 않도록 하기 위해 고안된 갓쇼즈쿠리合掌造라는 건축 양식을 지금껏 잘 보존하고 있다.

돌이켜보면, 일본의 동북 지역에서는 '에조えぞ'로 불리는 오랑캐들을 비롯해 수많은 자치 집단들이 자생해왔다. 때문에 이들을 평정하고 복속시키기 위해 등장한 토벌 대장이 이름 하여 '쇼군'將軍. 육진六鎭을 개척해 두

어느 운전자가 자동차를 몰고 나가기 위해 밤사이에 내린 눈을 치우며 길을 확보하고 있다. 폭설이 내리는 일본 동북부 지역에선 주차 시 운전자들이 반드시 와이퍼를 수직으로 세워둠으로써 와이퍼가 눈 속에 파묻힌 채 얼어붙는 사태를 사전에 방지한다. ◉

스키장 소속의 제설차가 길 위에 쌓인 눈을 치우며 지속적으로 움직이고 있다. 한국에서 볼 수 있는 제설차와는 규모와 외관 자체가 다르다. ◉

만강까지 조선의 국경을 확장한 김종서 장군처럼, 일본 역시 쇼군을 통해 산간 지역의 거친 야만인들을 중앙 정부의 통제 아래 편입시켰던 것이다. 훗날 쇼군은 열도에 군사 정부를 세우는 쿠데타의 주역이 되니, 결국 험난한 눈으로 뒤덮인 일본의 북동부 지역이 650여 년 무신 정권의 단초를 제공했다면 지나친 비약일까?

2008년 열린 제59회 삿포로 눈 축제의 모습. 사진 왼편에 여러 개의 봅슬레이 트랙이 보인다(사진 출처: 위키피디아 커먼스).

　눈으로 덮인 지역이 동북부에 길게 걸쳐 있다 보니 덩달아 스키장도 많아질 수밖에 없는 게 일본이다. 필자가 조사한 바에 따르면, 일본 전체에 있는 스키장 수는 무려 760여 개. 참고로 우리나라의 스키장 수는 2011년 기준으로 17개로 일본의 44분의 1에 불과하다. 물론, 일본 스키장의 대부분은 나가노長野, 니가타, 야마가타를 비롯한 혼슈 동북의 몇 개 현에 밀집해 있다. 이곳 동북부 지역은 또 온천이 많아 스키장을 이용하는 일본인들이 온천도 즐기는 일석이조—石二鳥를 맛보기 용이하다.

　홋카이도의 삿포로 눈 축제 역시, 처치 곤란한 눈을 조각 소재로 활용해 대박을 터뜨린 경우다. 1950년부터 시작되어 매년 2월 초에 열리는 삿포로 눈축제는 세계적으로 이름난 건축물들을 비롯해 동화 속 주인공 등 300여 개의 크고 작은 설상雪像이 행사장 곳곳을 장식한다. 이 기간에 동원되는 눈은 5톤 트럭으로 약 7,000대 분량이며, 축제를 보기 위해 일본과 세계 각지에서 몰려드는 관광객 수는 매년 200만 명을 웃돈다고 한다. 브라

교토에서 가장 크고 오래된 절인 히가시혼간지는 눈과 관련해 슬픈 이야기를 전하고 있다. 1883년 3월, 니기타 현의 한 마을에 눈사태가 발생, 히가시혼간지의 본당에 사용할 목재를 운반하던 사람들을 덮치면서 27명이 사망하고 50명 이상이 부상당한 비극이다. 참사가 발생했던 장소에는 현재 위령비가 설립되어 있으며, 당시 목재를 실어 나르던 썰매는 히가시혼간지로 옮겨져 희생자들을 추모하고 있다. ◉

질의 리우 카니발, 독일 뮌헨의 옥토버 페스트와 더불어 세계 3대 축제의 하나라는 명성이 결코 허언虛言만은 아닌 성싶다.

하지만 산이 높으면 골도 깊은 법. 현재 일본의 겨울을 먹여 살리는 데 톡톡한 효자 노릇을 하고 있는 호설이 슬픈 과거로 점철되어 있다면? 눈 속에서 굶어 죽고, 얼어 죽고, 깔려 죽은 비극을 생생하게 기억한 것 또한 이곳의 역사이기 때문이다. 이에 관해, 교토의 히가시혼간지東本願寺에서는 나무를 운반하다 눈사태로 깔려 죽은 이들을 잊지 말도록 당부하고 있다. 절 마당에 들어서면 왼편에 보이는 대형 눈썰매가 그것으로, 본당의 대들

적설 방지를 위한 일본인들의 노력은 지붕에만 국한된 게 아니었다. 숱한 연구와 실험 끝에 섭씨 13도 정도의 물을 1분당 0.32리터(1m² 면적 기준) 정도 흘리면 눈이 얼지 않고 녹는다는 사실이 발견되면서 지하수를 이용해 바닥에 쌓이는 눈을 사전에 제거할 수 있게 되었다. 사진은 에치고유자와 역 주차장에 설치된 물 분사기. 플라스틱 호스에서 나오는 물줄기들이 계속해서 내리는 눈을 녹이고 있다. ◉

보로 쓸 아름드리나무를 구하기 위해 벌목에 나섰던 마을 사람들이 눈사태를 만나는 바람에 떼죽음을 당한 비극의 증거물이다. 당시, 사상자는 사망자 27명을 합쳐 모두 77명.

  그래도 설화雪禍 가운데 으뜸으로 치자면 단연코 1918년 1월 9일에 발생한 유자와마치湯沢町 대참사를 꼽아볼 수 있다. 니가타 현의 유자와마치를 한밤중에 덮친 눈사태로 곤하게 잠들어 있던 마을 사람들 158명이 몰살을 당한 것이다. 당시 눈사태의 비극에서 살아남은 마을 사람들은 겨우 22명. 이 때문에, 지금껏 위령탑을 통해 유자와마치는 당시의 참사를 잊지 않으려 애쓰고 있다. 1945년 3월 22일 아오모리靑森 현 서부를 덮친 대홍수 역시, 녹은 눈이 토사와 함께 인근 마을을 덮쳐 가옥 22채 가운데 20채가 붕괴되며 88명이 사망하는 재앙을 낳았다. 마을 주민 109명 가운데 인근 신사로 피신해 산 사람은 21명에 불과했다.

그런 까닭에, 지금도 동북부 지역의 산엔 계단공법을 이용한 여러 종류의 방벽과 방책, 계단 등이 곳곳에 설치되어 있다. 더불어 유설구流雪溝란 이름의 도랑이 강까지 연결되어 기차역과 버스 터미널 인근에서 치운 눈이 한꺼번에 녹더라도 피해 없이 배수되도록 만전을 기하고 있다.

그렇다면, 이제 설화雪禍는 끝난 것일까? 안타깝게도 일본인들의 처절한 방설 노력에도 불구하고 비극은 계속되고 있다. 비록 눈사태 방지용 댐에서부터 대설對雪 방벽, 긴급 대피 피난소 설치 등에 이르기까지 온갖 극설極雪 대책을 강구해도 하늘에서 내리는 눈 자체를 막을 수는 없는 노릇이기 때문이다. 2011년 1월, 돗토리鳥取 현 요나고米子 시 항구에서 발생한 재난은 그런 현실을 잘 보여주고 있다. 당시, 갑작스레 내린 폭설로 요나고 항에 정박해 있던 어선 190척이 침몰했는데, 어선 위로 쌓인 눈의 무게를 어선들이 이기지 못해 벌어진 일이었다. 돗토리 현을 강타했던 폭설의 규모는 자그마치 2m. 결국, 무게를 이기지 못해 송전선 철탑이 휘거나 부러지며 정전도 잇따랐다. 피해가 가장 컸던 돗토리 현에서는 약 12만 6,000가구에 대한 전력 공급이 중단되었고, 시마네島根 현에서도 약 8만 가구가 정전 피해를 봤다. 이 밖에도 시마네 현 마쓰에松江 시에서는 쌓인 눈으로 약 300가구 주민이 고립되었다가 자위대에 의해 구조되기도 했다.

시설에 대한 직접적인 피해는 둘째 치고라도, 눈으로 늘 어두운 하늘 탓에 일출日出 수가 절대적으로 부족한 것도 큰 문제로 대두되고 있다. 실제로, 이 지역 주민들은 구루병에서부터 결핵, 근시, 우울증 등 온갖 종류의 질병에 시달리고 있다. 이 같은 사실은 일본 문부성이 실시한 학교보건 통계 조사보고서에서도 밝혀진 것으로, 호설 지역의 고등학생 근시 비율 분포가 다른 지역에 비해 적어도 4~6% 포인트 이상 높은 것으로 나타나고 있다.

그런 의미에서 노벨상 문학상 수상이라는 최고의 영예를 받았음에도 가스 자살로 일생을 마감한 『설국』의 작가 가와바타 야스나리의 운명은 피와 고통으로 점철되었던 일본 동북 지역의 비극과 묘하게 겹쳐져 있다는 생각이다.

눈淚과 피血

　　새하얀 눈 위에 떨어진 새빨간 피. 일장기처럼 강렬한 색의 대비가 일본 근대사에서도 두 차례에 걸쳐 일어났다. 첫 번째는 1860년에 벌어진 '사쿠라다몬櫻田門 밖의 변變'으로, 도쿠가와德川 가문이 거주하던 에도 성 안의 사쿠라다몬 밖에서 당시의 영의정에 해당하는 다이로大老, 이이 나오스케井直弼가 일단의 낭인들에 의해 암살된 것이다. 천황의 허락 없이 다이로가 독단적으로 쇄국 정책을 폐기한 문제를 둘러싸고 미토水戶 번— 지금의 이바라키茨城 현— 의 과격 낭인, 지사들은 다이로 암살 계획을 세운 후, 3월 24일의 폭설을 틈타 전격적으로 암살을 감행한다. 눈이 드문 도쿄에서의 폭설로 다이로의 호위 무사들은 눈옷을 걸친 채 칼의 손잡이에 자루까지 씌워놓는 바람에 눈앞에서 벌어진 암살을 바라봐야만 했다. 에도 성안에서 대낮에 발생한 다이로 암살 사건은 그러잖아도 내리막길을 걷던 에도 바쿠후의 권위에 결정적인 타격을 가하게 된다.

　　두 번째는 일단의 청년 장교들과 1,400여 명의 군인들이 주축이 된 2·26 쿠데타로 1936년 2월 26일에 벌어진 정변政變이었다. 역시, 좀처럼 눈이 오지 않던 도쿄에 눈이 내리는 가운데 농촌 및 중산층 이하 출신의 하급 장교들이 관료화된 군 간부를 타도하려 일으킨 반란은 3일 만에 실패로 끝났고, 쿠데타 주도 세력들은 모두 사형에 처해졌다. 이후, 일본은 군국주의의 박차를 더욱 가하며 군비 증강을 통해 아시아를 피의 구덩이로 몰아넣었다.

当時 실패로 끝난 2·26 정변의 재판 결과를 알렸던 《국민신문》의 호외
판. 신문 1면 왼쪽 상단에 사형이 확정된 주동자들의 사진이 실렸다. ☞

역사에 가정이 없다지만 '만일'이라는 질문은 언제나 역사학자와 역사학도들을 흥분시킨다. 그렇다면, 여기서 드는 궁금증 하나. '만일' 일본이 우리나라와 연결되어 있었다면? 아니면, 한반도 아래 일본이란 섬나라가 아예 없었더라면? 혹시, 한국이 오늘날의 일본이 되지는 않았을까?

一

ち

地

땅

05

그냥
섬나라가
아니다

질문: 지구 상에는 섬나라가 더 많을까, 아니면 반도 국가가 더 많을까?

정답은 섬나라가 더 많다는 것이다. 현재, 전 세계의 섬나라는 모두 47 개국으로 전 세계 국가 수의 4분의 1 정도를 차지하고 있다. 반면, 국토의 절반 이상이 바다로 둘러싸인 반도 국가는 한국을 포함해 덴마크, 이탈리아, 베트남, 소말리아 등 13개국 정도에 지나지 않는다. 그리고 보니 세계의 정세를 좌지우지하는 G8 국가 가운데에도 섬나라는 회원국의 4분의 1을 차지하는 영국과 일본 2개국이다. 반면, G8 가운데 반도 국가는 이탈리아가 유일한 형편이다. 하지만 그마저도 고대 로마 시절의 영광을 배려해 준 측면이 강하다는 것을 감안해볼 때, 현재로선 섬나라가 수는 물론이거니와 정치력과 경제력에서도 반도 국가를 앞지르고 있다.

역사에 가정이 없다지만 '만일'이라는 질문은 언제나 역사학자와 역사학도들을 흥분시킨다. 그렇다면, 여기서 드는 궁금증 하나. '만일' 일본이

마지막 빙하기가 끝나갈 무렵, 한반도와 일본은 쓰시마를 통해 연결되어 있었다. 이후, 지구온난화로 해수면이 높아지면서 일본은 대륙으로부터 떨어져 나갔다. 그림은 홍적세 후기 한반도와 일본 주변의 지형.

우리나라와 연결되어 있었다면? 아니면, 한반도 아래 일본이란 섬나라가 아예 없었더라면? 혹시, 한국이 오늘날의 일본이 되지는 않았을까?

　'일본이 없었더라면?'이라는 가정은 말 그대로 가정에 불과하지만, '일본이 우리나라와 연결되어 있었더라면?'이라는 가정은 결코 가정이 아니다. 빙하기와 빙하기 사이의 간빙기間冰期에 해당하는 지금은 해수면이 많이 올라와 있어 한반도의 삼면이 바다로 둘러싸여 있지만, 1만 년 전만 하

유럽의 북서쪽 끝에 위치하고 있는 영국에 해당하는 것이 아시아에서는 일본이다. 동아시아의 지도를 180도 거꾸로 돌려보면, 한반도를 바라보는 일본의 위치가 영국과 비슷한 곳에 자리 잡고 있다(위 왼쪽).

유럽의 지도를 180도 돌려보아도, 영국은 동아시아의 일본에 해당하는 위치에 배치된다. 참고로, 영국의 왼쪽에 한반도와 비슷한 모양으로 조그맣게 자리하고 있는 반도 국가는 덴마크이다(위 오른쪽).

지도를 펼쳐보면 유럽의 맨 끝에 자리 잡은 섬나라가 영국이요, 아시아의 맨 끝에 자리한 섬나라가 일본이다. 우연이라는 말만으로 두 나라가 보여주는 독특한 공통점을 설명하기란 쉽지 않다(아래).

더라도 한반도와 일본은 대마도를 통해 연결되어 있었다는 것이 정설이다. 해서, 붙어 있는 땅덩어리를 통해 우리의 조상들이 일본으로도 건너갔을 것으로 인류학자들은 추측하고 있다.

그렇다면, 섬나라에서 오는 일본의 독특성은 두 나라 사이에 바다가 들어서기 시작한 1만 년 전부터 형성되기 시작했다는 얘기다. 한 세대의 평균 수명을 30세 전후로 거칠게 잡을 때, 300여 세대 만에 세계사에서 유래를 찾아보기 어려운 독특한 민족이 생겨났다고나 할까?

사실, 일본은 여러 면에서 G8의 또 다른 섬나라인 영국과 공통점이 많다. 프랑스인들이 곰살궂고 이탈리아인들이 가볍고 성급하며 독일인들이 무뚝뚝하다면, 영국인과 일본인들은 친절하면서도 낯을 무척 가린다. 그러고 보니, G8 가운데 두 나라만 군주제를 채택하고 있는 것 하며, 자동차의 좌측통행을 고집하는 것도 특이하고, 홍차와 녹차 없인 못 사는 취향마저 닮은 꼴이다. 상황이 이럴진대, 각각 유럽의 북서쪽 끝 변방과 아시아의 동쪽 끝에 대척점처럼 자리 잡고 있는 것은 어떻게 설명해야 할까?

이렇듯 독특한 영국과 일본을 대륙으로부터 떼어 놓은 것이 해협이다. 영국의 경우에는 마라톤 풀코스에도 이르지 못하는 35km의 짧은 거리가 오늘날 EU 회원국이면서도 유로화가 아닌 파운드화를 고집하는 영국을 만들어냈다. 참고로 유럽의 스페인과 아프리카의 모로코를 가로지르는 지브롤터 해협은 14km밖에 안 되며, 유럽과 아시아를 연결하는 보스포루스 해협은 550m에 불과하다.

하면, 한일韓日 간을 가로막고 있는 바다 넓이는? 부산에서 가장 가까운 규슈 지방의 최북단 도시 후쿠오카福岡까지만 해도 무려 200km에 달한다. 게다가 앞서 언급한 대로 두 나라의 사이에는 세계 최고의 군사 강국 몽골

영국과 프랑스 사이에 있는 도버 해협의 최단거리가 35㎞에 불과한 데 반해, 한국과 일본을 가로지르는 대한해협은 가장 가까운 거리라도 200㎞(부산-후쿠오카)에 달해 그 폭이 도버 해협의 8배에 이른다. 그림은 같은 비율로 본 양국 간의 해협 폭.

도 넘지 못한 태풍이 가로막고 있으니, 결국 모양새만 이웃일 뿐 한국과 중국에는 안드로메다 성운星雲 같은 곳이 일본이었다.

그런 일본은 섬나라 가운데에서도 특히나 섬이 많은 나라다. 일본 통계청 자료에 따르면, 2005년 현재 그 수는 자그마치 6,852개. 다도해 덕분에 섬이 3,200여 개에 달한다는 한반도의 두 배를 훌쩍 뛰어넘는 수다. 섬의 개수만 놓고 볼 때 섬나라의 수장首長 격에 해당하는 필리핀의 섬 수가 7,107개라는 것을 감안해도 절대 뒤지지 않는 게 일본이다. 이런 사정을 익히 알아서인지, 성종成宗의 명령으로 일본을 다녀온 신숙주도 그의 저서 『해동제국기海東諸國記』를 통해 "별처럼 흩어진 섬에 살면서 풍속도 아주 다르다"고 기술하고 있다.

사정이 이렇다 보니 동서는 물론 남북으로도 국경선이 길게 뻗어 있어, 북위 45도에서부터 북위 20도에 이르기까지 장장 2,750㎞의 길이에 수많은 섬을 뿌리고 있는 것이 일본이다(참고로 세계에서 가장 길다는 남미의 칠레는 위도가 38도에 걸쳐 있다). 그래서일까? 극동아시아의 안드로메다 성운에는 주변 은하계에서 흘러들어온 온갖 문화가 잡탕처럼 섞여 있다. 예를 들어, 남아시아의 말레이 제도는 물론 남태평양의 뉴기니나 폴리네시아 등에서 보이는 사회 제도 및 생활 습관 등이 일본에서도 유사하게 발견되고 있는 점이 그러하다. 일본이 여러 문화와 다양한 인종으로 뒤섞여 있음을 방증하는 또 하나로 바로 복잡한 신화를 들 수 있다. 인류학적으로 민족의 기원과 역사를 짐작하게 해주는 타임캡슐이 신화다. 그런 면에서 볼 때, 단순하기까지 한 한반도의 단군신화는 한국이 단일민족으로 형성되어 왔음을 알려주는 사료史料이다. 반면, 일본은 자국민들조차 외우기 어려울 정도로 수많은 신이 등장하고 사라지는 복잡다단한 신화를 지니고

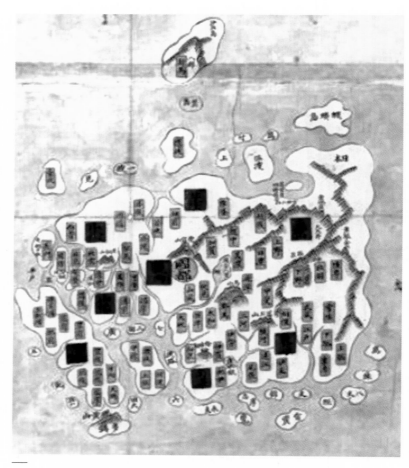

일본에 섬이 많다는 사실은 예로부터 우리에게도 널리 알려져 있었다. 사진은 18세기 말에 제작된 것으로 추정되는 〈조선·일본·유구국도〉(朝鮮日本琉球國圖)의 일부분으로, 일본 지역을 그린 것이다. 혼슈 주변부를 수많은 섬이 둘러싸고 있는 모습이 인상적이다(그림 출처: 서울대학교 규장각 한국학연구소).

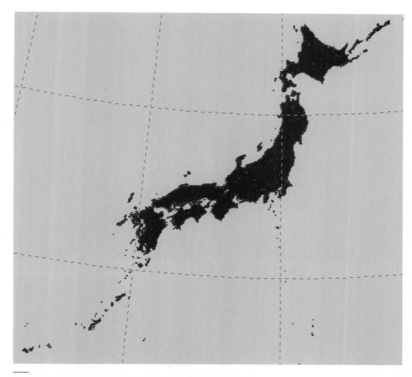

'열도'(列島: 길게 줄을 지은 모양으로 늘어서 있는 여러 개의 섬)라는 단어가 일본만큼 잘 어울리는 나라가 있을까? 그림은 북쪽 끝에서 남쪽 끝까지의 일본 열도를 그래픽으로 나타낸 모습.

있다. 일례로, 일본 고대사의 주인공인 진무천황神武天皇(일본 고대사에서 초대 왕으로 숭상받고 있는 인물)이 등장하기까지 가교架橋 역할을 해주는 주요 신들은 이자나기, 이자나미, 아마테라스 등 8~9명에 이른다.

　어쨌거나 문명사의 출발 자체가 섬에서 시작되었기에 행로와 목적지가 한반도와는 판이하게 전개될 수밖에 없는 곳이 일본이었다. 동네를 떠나 강 건너 산기슭에 옹기종기 모여 살아온 형국이니 생활양식이며 가치

일본이라는 나라가 없었더라면, 한국은 득보다 실이 많았을 것이다. 임진왜란과 정유재란, 식민지배 등의 아픈 과거가 있긴 하지만, 해방 이후 반세기 만에 지금과 같은 위상의 대한민국을 만들기란 쉽지 않았을 터. 역사적으로 살펴봐도 백제 유민들이 정착해 일본 황실과 지배계층을 형성할 수 있었던 터전도 일본이 마련해 주었다. 태풍과 홍수, 지진에 따른 해일 등도 모두 한반도가 직접 맞닥뜨려야 했을 재앙이었다. 그런 의미에서 일본은 역사적으로나 지리적으로 한국에게 몸으로 온갖 자연재해를 막아주는 '방파제'이자, 권력 투쟁과 전쟁에서 패퇴한 동아시아 유민들을 받아들이던 '구호소'였다. 아래 그림은 일본을 제거해버린 그래픽이다.

관이 어찌 이쪽 동네와 같을 수 있겠는가? 이런 섬나라의 독특함에 주마가 편走馬加鞭 격으로 얹어진 것이 유럽의 아시아 식민사이다. 여러 섬나라 가운데 식민지배를 경험하지 않은 유일한 국가 또한 일본이기 때문이다. 스리랑카와 필리핀, 타이완은 16세기에, 인도네시아는 17세기에 이미 영국과 네덜란드, 스페인의 지배 아래 놓이면서 섬나라 고유의 습성을 많이 잃어버렸지만, 일본은 1853년이 되어서야 비로소 서구 제국주의의 위협 아래 놓이게 된다.

그렇다면 이쯤에서 문득 드는 허황된 생각 하나. 다시 빙하기가 와서 한·중·일의 바다가 사라지고 육지의 많은 부분이 연결되기 시작한다면? 섬 하나 갖고도 온갖 신경전을 다 부리는 지금의 일본을 상상컨대, 지구 최대의 영토 전쟁이 발발하지는 않을는지?

같은 섬에 있어도 기질은 제각각

섬나라라고 해서 일본인들의 기질이 모두 유사하다고 생각하면 오산이다. 예를 들어 간사이 지방에 속하는 오사카, 나고야 같은 경우는 한국인과 기질이 대단히 유사하며, 동쪽으로 갈수록 예의 일본적인 특징이 강하게 나타난다고 한다. 이에 관해 재미있는 설명한 가지. 햄든-터너C. Hampden-Turner와 트롬페나A. Trompenaars 같은 경영학자들은 서쪽에 위치한 나라일수록 독립적 가치를 더 신봉한다고 주장한다. 같은 유럽 내에서의 이러한 문화적 차이는 미국에 살고 있는 그들의 후손들에게서도 그대로 발견된다는 것이다. 그렇다면, 남북은 물론 동서로도 길게 나뉘어 있는 일본 역시 그러한 법칙의 영향을 받은 것은 아닐까? 개성과 자유, 합리성, 보편주의 같은 가치들이 상대적으로 발달해 있는 간사이 지방에 비해 도쿄, 요코하마 등의 간토 지방은 단합을 중시하는 경향이 강하다.

06

지진
이야기

"아무 경고도 없이 서 있는 곳이 구토를 느낄 것 같은 롤러코스터로 변해버렸다. 하지만 가장 공포를 불러일으키는 것은 귀를 찢을 듯한 굉음이었다. 사방에서 들려오는, 세상의 종말을 알리는 소리……."

땅이 50cm가량 솟구치며 옆으로 1m를 움직였던 진도 7.2의 청천벽력靑天霹靂. 20초에 불과했지만, 6,000명 이상이 죽어간 1995년의 고베神戸 지진 당시 어느 생존자가 남긴 체험담이다.

진도 1도짜리까지 포함하면 1년에 무려 1,500여 번의 지진이 일어나는 나라. 예로부터 '벼락', '화재', '아버지'와 함께 지진이 가장 두려운 대상으로 꼽혀왔으며, 꿈속에서조차 잊고 살기가 불가능했던 나라. 그래서일까? 후지富士 산을 안내해주던 일본인 지인은 세상에서 가장 싫은 것이 '지진'이라고 서슴없이 말했다.

사실, 일본인의 독특함을 이해하려면 그네들의 역사 못지않게 그네들

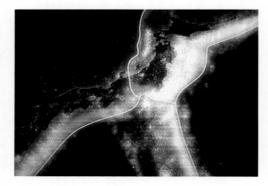
북아메리카 판, 태평양 판, 필리핀 판, 유라시아 판 등 모두 4개의 판이 모이는 곳에 자리한 나라가 일본이다. 자연히, 지진이 발생하지 않는다면 그것이 더 이상한 곳 또한 일본이다. 사진은 12시 방향에서부터 시계방향으로 북아메리카, 태평양, 필리핀, 유라시아 판을 컴퓨터 그래픽으로 그린 TV의 한 프로그램. ◉

의 자연도 살펴봐야 한다. 험한 지형을 누비던 고구려인과 평야 민족 백제인의 기질이 상이相異했고, 북한인과 남한인, 호남인과 영남인의 성향이 다를 수밖에 없는 것과 마찬가지로. 실제로 일본에 살면 지진의 공포에서 완전히 벗어나기란 불가능하다. 바쁜 나날 속에 잊고 지내지만 책상과 마루, 침대와 천장이 덜덜 흔들리는 경험이 되풀이되다 보면 어느새 지진에 대한 불안은 머릿속 깊숙이 자리 잡게 된다. 이에 관한 필자의 경험담. 어느 날, 식탁에서 저녁을 먼저 먹고 있는데 마루가 양탄자를 위아래로 흔드는 것처럼 출렁거리기 시작했다. 마침 부엌에 서 있던 아내는 아이들이 뛰노는 줄 알고 뛰지 말라고 소리치다 사태를 파악하고는 금새 파랗게 질려버렸다. 그로부터 몇 주 뒤. 학교에 출근해 사무실에서 일하고 있는데 '쿵' 하는 소리와 함께 초음속 비행기가 학교 상공을 지나가는 듯한 굉음을 느꼈다. 지진임을 직감하며 '다음 지진이 오지는 않을까' 우려하는 가운데 몇 초간 별별 생각을 다 떠올렸다. '아이들은 내진耐震 설계가 잘 된 학교에 있을 테니 괜찮을 테고, 집사람이 집에 있다면 15층짜리 건물이라 위험한데, 차라리 밖에 나와 있다면.'

처음으로 지진을 느낀 어느 날 포털 사이트 '야후 재팬'에 들어가 봤더니 이미 홈페이지 맨 위에는 지진 강도 및 진원지를 알리는 배너가 등장했다. 진도 3의 지진이 시나가와(神奈川)현 동부 지역에서 관측되었다는 정보가 제공되어 있다.

링크를 통해 연결된 웹사이트로 들어가 봤더니 그곳엔 이미 지난 50건의 지진에 대한 정보가 순차적으로 나와 있었다. 날짜를 세어보니, 모두 12일간으로 하루에 약 3~4회꼴로 지진이 발생한 격이었다. 대부분은 인간이 느끼기 어려운 1도짜리 지진이었지만, 필자조차 느낄 수 있었던 3도짜리는 셋이었으며 4도짜리 지진도 하나 있었다. 15분 뒤에 다시 '야후 재팬'을 방문했더니 그 사이에 지진을 알리는 배너는 흔적도 없이 사라져 마치 아무 일도 없었다는 듯 새로운 뉴스들을 깔아놓고 있었다.

지진에 대비해 가장 필요한 생필품 30점을 한 세트로 판매하고 있는 어느 웹사이트(왼쪽). 유아 또는 소·중학생이 있는 가정에서도 요긴하게 사용할 수 있다는 광고 문구를 담고 있다. 비상식량 및 물, 응급 처치 도구들과 함께 건전지, 비상등 등의 물품들이 눈에 띈다.

'보사이즈킹'(防災頭巾)을 판매하는 어느 인터넷 사이트(오른쪽). 의자 방석이나 등받이로 사용되다가 유사시에는 이렇게 뒤집어쓸 수 있게 되어 있다.

    하지만 후에 들은 얘기로 건물 밖에 있어도 위험하기는 마찬가지란다. 큰 지진이면 건물의 유리창이 다 깨져 유리조각이 하늘에서 비처럼 내리는 가운데 빌딩들이 길가를 덮치기에.

    그래서일까? 한국의 아파트에 해당하는 일본의 '만숀'(맨션의 일본식 발음)은 우리네의 주거지와 그 모양새 및 구조가 판이하다. 우선, 성냥갑처럼 폭이 좁으며 옆으로 긴 한국의 아파트와 달리, 일본의 만숀들은 정사각형이나 'ㄱ'자 형태로 건물을 올리는 경우가 대부분이다. 특히 크기가 조금 높다 싶은 만숀들은 많은 경우, 위로 올라갈수록 피라미드 모양으로 층 면적을 줄임으로써 내진耐震 효과를 높이고 있다. 도쿄 시내 곳곳에서 신전 같은 모양의 집들이 태양신을 맞이하는 형국을 자주 연출하는 이유가 여기에 있다.

    지진에 잘 견딜 수 있도록 기둥과 벽을 많이 세우다보니 주거 공간이

일본의 주택과 아파트들은 지진에 견디는 힘을 강하게 하기 위해 건물 옥상을 피라미드형으로 처리하는 경우가 많다(위). ◉

일반 주택은 나무를 사용해 집을 짓는 것이 보통이다. 뼈대를 온통 나무로 세운 데다 측면은 X자로 교차시켜 내진(耐震) 효과를 극대화시키고 있는 점이 눈에 띈다(아래 왼쪽). ◉

지진에 취약하다는 판정을 받은 도쿄 시내의 어느 건물. 외벽 곳곳에 'ス'자 철제 빔을 보강, 설치한 것이 무척이나 이채롭다(아래 오른쪽). ◉

좁아지는 것도 다른 특징으로 거론할 수 있다. 필자가 살았던 만손도 현관에서부터 'ㄱ'자 형태로 만들어진 좁은 통로를 지나야 마루와 안방으로 닿을 수 있도록 설계되어 있었다. 그래서일까? 넓고 기둥 없는 텅 빈 공간에 들어서는 일본인들은 본능적으로 두려움을 느낀다고 한다. 실제로, 지진이 발생할 경우 건물 안의 사람들이 대피 장소로 제일 먼저 찾는 곳은 로비나 복도가 아닌 화장실이라고 한다. 장소는 좁고 기둥과 칸막이가 많으니 상대적으로 안전하기 때문이란다. 그런 일본인들이기에 한국에 와서 우리의 아파트 모양새와 집 크기 및 구조를 들여다보며 대경실색하는 것은 당연할 수밖에 없다.

　지진으로부터 살아남으려는 일본인들의 생존본능은 예로부터 목재 사용으로 귀결되어왔다. 바위와 흙, 벽돌과 시멘트보다 나무가 외부 충격에 훨씬 강한 까닭에서다. 아직도 도쿄 시내 곳곳에는 언제 지었는지 짐작하기조차 어려운 목조 건물들이 심심찮게 눈에 띈다. 문제는 나무로 지은 집들이 지진에만 강할 뿐, 냉방은 물론 소음과 내구성 등에서 무척 취약하다는 것. 방바닥에 다다미를 깔았기에 온돌을 들여놓을 수가 없으니 겨울이면 집 전체가 냉장고로 변하는 데다, 발걸음을 내디디면 여기저기서 삐걱거리는 세계 최악의 주거 환경은 그렇게 수천 년 동안 일본인들의 보금자리이자 피난처로 자리 잡아왔다. 더욱 안타까운 사실은 지진을 막기 위해 사용하는 나무가 곧잘 화재를 불러들인다는 것. 평지가 적은 땅에 좁게 지은 나무집들이 다닥다닥 붙어 있는 가운데, 한 집에서 화재가 발생하면 도시 전체가 화마火魔를 입는 비극을 일본 역사는 숱하게 증언하고 있다.

　그런 땅에서 살아가는 일본인들의 비극을 잘 표현한 만화가 『드래곤 헤드』다. 1994년부터 2000년까지 고단샤講談社의 주간지 《영매거진》에

도쿄 등 간토 지역을 초토화시
킨 대지진을 소재로 한 만화책
『드래곤 헤드』. 폐허가 된 도쿄
에 대한 사실적인 묘사와 함께
가상 현실을 그럴듯하게 그려내
상당한 인기를 끌었으며, 이후
영화로도 제작되었다. ◉

연재된 만화에서는 지진과 화산 폭발로 종말을 맞은 열도에서 살아남기
위해 '좀비'처럼 변해버린 군상의 모습을 생생하게 묘사하고 있다. 문명과
야만은 재난 하나에서부터 갈라진다는 점에서 윌리엄 골딩William Golding의
노벨 문학상 수상작, 「파리대왕」을 연상시키는 『드래곤 헤드』는, 무정부
의 혼돈 상태에 놓인 인간들이 얼마나 잔인하게 미쳐버릴 수 있는가를 극
명하게 그려내고 있다. 차이가 있다면, 「파리대왕」에 등장하는 영국 소년
들은 '현실적 가상'에 불과하지만, 『드래곤 헤드』에 등장하는 일본인들은
'가상적 현실'이라는 것이다. 실제로, 14만 명이 목숨을 잃었던 1923년의
간토 대지진 당시, 흉흉해진 민심 속에서 무려 6,000명에 달하는 한국인들
이 학살당했다. 우물에 독을 풀어 일본인들을 죽이려 했다는 소문이 퍼지
면서 흥분한 일본인들이 한국인들을 거리로 끌고 나와 죽창 등으로 찔러
죽였던 것이다. 이러한 혼란상을 틈타 일본 군부 역시, 사회주의자와 무정
부주의자 등 눈엣가시 같던 일본인들을 수천 명씩 살해했고.

  그런 의미에서 2006년 개봉된 영화 〈일본 침몰〉은 일본인들에게 대단

1923년의 간토 대지진은 무려 14만 명 이상의 목숨을 앗아갔다. 안타까운 사실은 흉흉한 민심 속에 일본인 무정부주의자, 공산주의자 등과 함께 지진에서 살아남았던 한국인들도 6,000명 이상 학살당했다는 것이다. 사진은 TV에서 방영된 간토 대지진 다큐멘터리의 한 장면. ◉

2006년 개봉되어 열도에서 센세이션을 불러일으켰던 〈일본 침몰〉 영화 포스터. 모든 화산이 일제히 분화하며 열도 전체가 벌겋게 타오르고 있다.

히 현실적으로 다가오는 논픽션 같은 작품이다. 비록 해외에서 별다른 재미를 보지 못했지만, 일본 국내에서는 500만 명이 극장을 찾은 〈일본 침몰〉은 대지진의 참사를 겪지만 국제사회의 외면으로 일본 정부와 일본인들 스스로 재난을 극복해 나간다는 이야기가 주를 이루고 있다.

한데, 일본인들의 지진 공포가 2000년대 들어 다시 고조되고 있다. 80년, 100년, 150년, 200년 등 온갖 주기설이 난무하는 가운데 리히터 규모 8.0의 '도카이東海 대지진'이 점점 가까워지고 있다는 풍문 때문이다. '도카이'란 도쿄만 주위의 바다를 지칭하는 것으로, 시코쿠 앞바다인 남해나 미에三重 및 아이치愛知현 앞바다인 동남해와 달리, 시즈오카静岡 및 가나가와神奈川현 앞바다에서 발생하는 지진을 의미하는 것. 역사적으로 볼 때,

1709년의 겐로쿠元綠 대지진(진도 8.1) 이후, 1923년에 다시 간토 대지진(진도 7.9)이 발생하면서 '도카이 지진'은 일본인들에게 종말에 가까운 대재앙을 의미해왔다. 결국, 일본 정부는 2004년 정부 산하의 지진조사위원회를 통해 향후 30년간 간토 대지진과 같은 리히터 규모 8의 지진이 일어날 확률은 0~0.8%에 불과하다고 공식 발표하기에 이르렀다.

그런 가운데 2011년 3월 11일, 일본 동부 지역에 위치한 미야기宮城 현 앞바다에서 느닷없이 발생한 초대형 지진은 일본 동북부 지방에 엄청난 인명피해와 함께 돌이킬 수 없는 비극을 안겨주었다. 당시, 리히터 규모 9.0에 해당하는 일본 역사상 최악의 지진으로 최대 높이 15m의 쓰나미가 발생, 일본 동북부 해안을 초토화시키며 2만 8,000여 명에 달하는 소중한 목숨을 앗아간 것이다.

진도 4.0 이상의 지진이 닥쳐올 경우, 먼저 건물들의 유리창이 깨져 나가기 시작한다. 사진은 일본 TV에서 진도 8 이상의 지진으로 건물이 파괴되는 모습을 컴퓨터 시뮬레이션을 통해 보여준 장면. ◉

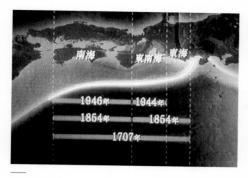

대지진이 발생했던 해역을 그래픽으로 제시해가며 100년 주기설 및 150년 주기설에 대해 언급하고 있는 일본의 어느 TV. 시코쿠 앞바다는 '난카이'인 남해, 미에 및 아이치 현 앞바다는 '도난카이'인 동남해, 도쿄와 가까운 시즈오카 및 가나가 앞바다는 '도카이'인 동해로 표기되어 있다. ◉

死者 1万1,734人
行方不明 1万6,375人
(午後9時現在)

일본 역사상 최악의 지진이 2011년 3월 11일 동북부 센다이(仙臺) 시 앞바다에서 발생하며 거대한 해일을 일으켰다. 참고로 센다이 시는 우리나라의 정동진에 해당하는 일출 명소. 사진은 참사가 일어난 지 3주가 지난 2011년 4월 2일, 바다에서 실종자들의 시신을 찾아나서고 있는 일본 군함의 모습이 TV에 비친 것이다. 화면 아래에 이제껏 집계된 사망자 수와 행방불명자 수를 자막으로 보여주고 있다.

"대지진이 발생하면 어쩌죠?"

"그냥 죽는 거죠, 뭐."

대대손손 최악의 지진대에서 살얼음을 걷듯 살아온 일본인들은 오늘도 동네 신사(神社)에 들러 하루의 무사 안녕을 기원하며 일상을 전개해 나간다.

지진을 예측할 수 있도록 대물림되어 내려온 여러 이상 징후들

다음은 지진을 예고하는 자연 현상으로 일본인들이 믿고 있는 사례들 가운데 일부이다.

- 수평선이나 지평선이 밤에도 불이 난 것처럼 환하게 보일 때

- 나침반 자침이 흔들릴 때

- 화산 분화가 급격히 줄어들 때

- 바닷물고기가 강을 거슬러 올라올 때

- 해초가 급격히 늘고 조개가 사라질 때

- 바닷물이 평소보다 많이 빠져 있을 때

- 심해어나 심해 조개류가 잡힐 때

- 물고기가 유난히 많이 잡히거나 전혀 잡히지 않을 때

- 뱀이 대나무 숲 등에 모여 있을 때

- 지네가 다수 출현하거나 한꺼번에 죽을 때

- 고추잠자리가 대거 출현할 때

- 구멍에 사는 물고기가 나올 때

- 닭이 평소와 달리 소란을 피울 때

- 닭이 모이를 먹지 않고 고개를 갸웃거리거나 꼼짝도 않고 있을 때

- 개나 고양이가 흥분하거나 먹이를 먹지 않을 때

- 메기와 장어가 대낮에 다수 출현할 때

- 연못 속의 잉어가 흥분해서 무리를 지어 다니거나 날뛸 때

- 마을의 공용수가 급격히 줄거나 늘 때, 또는 온도가 올라가거나 탁해질 때

07

일본은
소국이고
한국은
대국이다

문 I : 후쿠오카, 히로시마廣島, 나가사키의 공통점은?
답 I : 도쿄보다 서울에서의 거리가 가깝다는 것입니다.

문 II : 그렇다면, 고베, 오사카, 나라奈良의 공통점은?
답 II : 서울보다 도쿄에서의 거리가 가깝다는 것입니다.

일본에 오는 한국인들이 가장 많이 놀라는 것 가운데 하나가 예상외로 늘어진 국토 길이다. 우선, 본섬에 해당하는 혼슈만 하더라도 북쪽 끝에서 남쪽 끝까지의 거리가 1,500㎞에 달한다. 남·북한을 합친 한반도 전체의 길이가 1,100㎞ 정도이고 서울에서 베이징北京까지의 육로가 1,300㎞ 정도라는 것을 감안하면 그저 긴 게 아니다. 그렇다고 길기만 하냐 하면 그것도 아니다. 총면적은 한반도의 약 1.5배, 남한의 세 배 반에 해당하는 크기

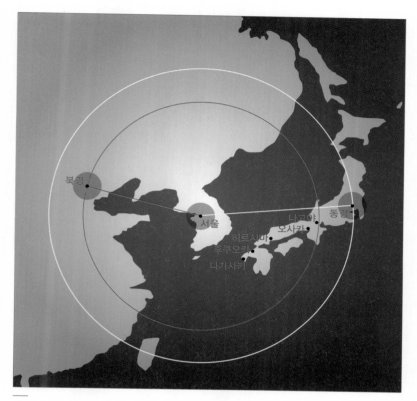

서울을 중심으로 볼 경우, 베이징까지의 거리는 일본 도쿄까지의 거리보다 훨씬 가깝다. 서울-베이징권을 일본으로 연장하면 오사카가 반경 안에 들어옴은 물론, 나고야까지 반경선에 접한다.

로, 독일과 스위스를 합친 것만큼 넓다. 동남아시아에서도 일본보다 영토가 큰 나라는 인도네시아와 타이가 전부다.

　재미있는 점은 그런 일본을 소국小國으로 취급해온 우리의 인식이 과거부터 한결같았다는 것. 그리고 보면, 일본을 일컫던 왜나라 '왜'倭자는 영토와 인종 모두 작다는 의미에서 작을 '왜'矮자와 중첩적으로 사용되어왔다.

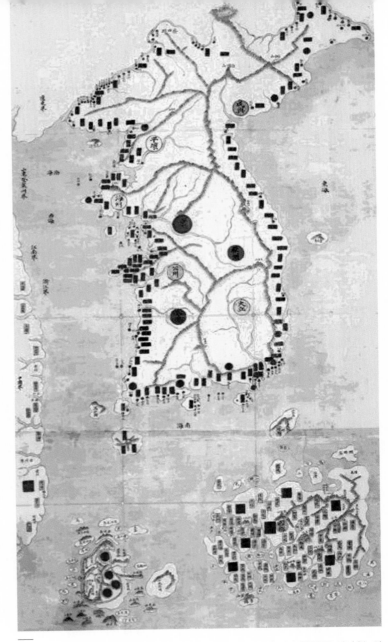

우리 선조들의 대일본관을 극명하게 보여주는 18세기 말의 사료. 〈조선·일본·유구국도〉에 나오는 일본 지도로 아래 왼쪽의 유구국(琉球國: 오키나와)은 터무니없이 크게 그려져 있으며, 오른쪽의 일본은 형편없이 축소되어 있다.

조선 시대의 고문서에 나오는 일본 지도는 그런 선조들의 대일對日 인식을 극명하게 보여준다. 실제 크기의 10분의 1 규모로 쪼그라든 지도에서는 그러잖아도 조그마한 '태양의 제국'을 무려 100여 개의 제국諸國으로 갈가리 나뉘어 있는 동토東土라고 설명하고 있다.

임진왜란 때 왜군에 납치되어 3년 동안 일본에서 유배 생활을 한 강항 姜沆이란 유학자가 있다. 그가 일본 포로 생활을 마치고 귀국해서 지은 『간양록』看羊錄에는 당시의 대일관對日觀이 잘 드러나 있다.

예전에는 왜국이 우리나라보다도 작다고 보았습니다. 왜중 의안義安이란 자를 만났는데 그는 왜나라의 서울치입니다. 제 조부나 제 아비 때부터 중국에서 유학하였고, 의안 때에 와서는 더러 산학, 천문, 지리를 풀이할 줄 알게 되었습니다. 그는 기계를 만들어 해 그림자를 관측하여 천지의 둥글고 모진 것과 산천의 원근 같은 것도 알고 있는 사람이었습니다. 그가 "임진란 때 왜인들이 조선의 토지대장을 모조리 가져왔는데 일본 토지의 절반도 못 되던걸요!"라 하였다 하니 그 사람된 품이 고지식하고 실없지 않은 것으로 봐서 그럼직도 한 말인가 싶습니다. 더구나 관동과 오주奧州의 잇수*로 따진다면 우리나라보다 훨씬 크리라고 여겨집니다(강항, 2005: 36).

영토 대국 일본을 이렇듯 무시해온 한국인의 저력(?)은 도대체 어디에서 오는 것일까?

지도만 놓고 볼 땐 대국大國에 속하지만, 현실적인 측면에선 오히려 한

---

* 이수(里數). 거리를 리(里)의 단위로 나타낸 수.

일본 혼슈의 지형도. 중앙의 짙은 갈색 부분이 바로 높고 험한 산으로 둘러싸인 '재팬 알프스'다. '재팬 알프스'의 오른쪽인 도쿄 인근엔 녹색 평지가 눈에 두드러져 보이는데, 서울과 경기도, 충청북도를 합친 정도(1만 6,000㎢)의 이곳에 자그마치 4,000만 명 정도가 몰려 살고 있다. 하지만 그런 평지조차도 지진 때문에 건물을 마음 놓고 올릴 수 없다. 한국의 경우에는 수도권을 중심으로 비슷한 면적에 약 2,300만 명 정도가 살고 있다.

국보다 작은 나라가 일본이다. 한국이 산악국가라고는 하나, 일본 앞에서는 그야말로 '새 발의 피'에 불과한 까닭에서다. 따지고 보면, 일본이야말로 스위스, 네팔과 함께 지구 상에서 그 유래를 찾아볼 수 없을 정도로 지형이 험한 산악국가이다. 예를 들어, 한국에서 가장 높다는 백두산 (2,744m)은 일본의 고산高山 클럽에 명함조차 내밀지 못한다. 필자가 찾아본 바에 의하면, 일본 내에서 백두산이 차지하는 순위는 고도 기준으로 고작 81위. 이마저도 한반도에서는 경쟁자가 없다는 백두산의 이야기일 뿐, 두 번째로 높은 한라산(1,917m)에 이르면 일본 내에서의 등수는 파악조차 불가능해진다. 더욱이 한라산같이 완만하고 부드러운 산은 아직껏 연기를 뿜어내며 언제든 폭발할 준비가 되어 있는 열도의 산들 가운데에서 찾아보기조차 어렵다.

일본이 얼마나 험한 산악국가인지는 혼슈 중앙부에 자리 잡은 후지 산높이를 통해서도 짐작할 수 있다. 정상까지의 고도가 무려 3,744m에 달하는 후지 산은 미국 본토에서 가장 높다는 캘리포니아의 휘트니 산보다 500m 정도 낮을 뿐이다. 중국의 오악五嶽 가운데 가장 높다는 2,016m의 형산恒山 산 역시 일본의 후지 산에 비하면 왜소하기 그지없다. 사정이 그럴진대, 3,000m가 훌쩍 넘는 산만 21개요, 2,000m가 넘는 산들은 280여 개 정도 된다면 열도의 험준함이 비로소 이해될까? (산이 아닌 산봉우리 기준으로는 2,000m를 넘는 봉우리가 680여 개에 달한다고 한다.) 해서, 19세기 말 일본의 산악지대를 여행한 서양인들이 혼슈 중앙부에 붙여준 별칭이 '재팬 알프스'다.

땅덩어리가 넓다고는 하나 국토의 5분의 4 이상이 높고 험한 산으로 둘러싸여 있다보니, 사람들이 평지로 몰리는 것은 당연지사. 하지만 얼마 되지 않는 평지마저도 지진 때문에 건물을 마음 놓고 올릴 수가 없으니 모든 것이 작고 좁아질 수밖에. 일례로, 한반도만 한 혼슈에 살고 있는 인구는 자그마치 1억 명. 하지만, 산악 지형을 제외한 몇몇 평야 지역에 집중적으로 모여 살기에 제대로 된 땅에서 넓게 사는 것은 애당초 불가능하다. 주간 《이코노미스트》에 따르면, 1990년대 중반 도쿄 수도권에 공급된 아파트의 평균 전용 면적은 19.5평 정도. 반면, 같은 시기 한국은 서울이

협소한 땅에 집을 지어야만 하는 일본인들에게 이와 같은 주거환경은 그다지 새로운 것이 아니다. 하지만, 한국인 필자의 눈엔 줄줄이 한 세대씩 살도록 지은 집의 크기와 폭이 신기하기만 하다(위). ☜

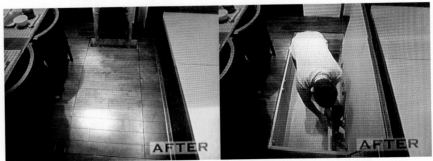

일본에서 인기리에 방영되었던 아사히TV의 〈대개조!! 극적인 비포(before)와 애프터(after)〉라는 프로그램의 한 장면(아래). 집 바닥에 수납장을 설치함으로써 지저분하고 비좁았던 집안을 깔끔하게 고쳐준다는 내용이다. 사진 왼쪽은 바닥에 설치한 수납장을 여는 모습이며, 사진 오른쪽은 수납장을 연 모습이다. ☜

아사히TV의 같은 프로그램에서
방영했던 또 다른 사연의 어느
집 욕조. 우리의 기준에선 이해
가 안 갈 정도로 작은 욕조를 지
닌 이런 집들은 아직도 일본 곳
곳에 산재해 있다. ◉

평균 32평이며 경기도 용인 지역은 40평에 달하는 것으로 나타나고 있다.
일본인들이 대부분 32평형 아파트에 거주하고 있다고 가정해보면, 52평
에서부터 64평 사이의 광활한 아파트에 거주하는 게 한국인들이라는 말
이다.

그래선지 일본에서는 수납공간을 이용해 좁은 집을 넓게 활용하려는
노하우가 그득하다. 더불어, 의뢰인의 좁은 땅에 넓은 집(?)을 지어주는
TV 프로그램 역시 쏠쏠한 인기를 끌고 있다. 얼마나 좁은 땅에 집을 짓기
에 TV에서 프로그램으로 다 방영하고 있을까? 자그마치 대지 면적 8평에
건폐율建蔽率은 60%. 더욱 놀라운 사실은 8평 안에 주차장도 포함된다는 것
이다. 세계 최고의 복지국가라고는 하나, 토끼장 주택에서 평생을 살아야
하는 일본인들의 숙명이 더욱 실감 나는 순간이다.

이와 함께, 믿을 수 없을 정도로 작고 좁은 목욕탕 크기도 사람을 놀라
게 하는 데 절대 뒤지지 않는다. 그래도 요즘엔 수납공간을 활용하는 기술

지상으로 다니는 전철 역시 몇몇 대형 환승역을 제외하면
역사가 협소하기 그지없다(위). ☞

도쿄의 롯폰기 역은 시내 중심에 자리 잡은 데다 젊은이
들이 많이 몰리는 장소에 위치하고 있어 역사의 규모는 상
당히 큰 편이다. 그럼에도 롯폰기 역을 지상으로 연결하는
지하철역 출입구 가운데 몇몇은 답답할 정도로 좁다(왼
쪽). ☞

집이 좁으니 골목길이 좁은 것은 당연지사. 사람 둘이 마주치면 한 사람은 벽면에 붙어야 통행이 가능한 골목길들도 부지기수다(왼쪽). ◉

주택가로 들어서는 찻길도 일방통행이 대부분이다. 덕분에 주택가에서 차를 잠시 세워놓는 것은 꿈도 꾸지 못한다(오른쪽). ◉

이 진일보하면서 거실과 목욕탕의 규모가 예전보다 많이 커졌지만, 어쩔 도리가 없었던 과거에는 협소한 실내에서 목욕탕이 가장 먼저 희생되곤 했다. 비인간적으로 보이기까지 한 '쪼그려형' 욕조는 그렇게 수백 년 동안 일본인들의 지친 몸을 위로해 주었다.

　일본을 소국으로 느끼게 하는 또 하나의 대상이 바로 지하철이다. 지하철 출입구와 계단은 왜 그리 작고 좁은지 우리네 입장에서 볼 땐 그저 입이 벌어질 따름이다. 특히, 출퇴근 때는 역을 들어가는 순간부터 목적지에 도착할 때까지 인파人波에 몸을 맡긴 채 전동차 출입구와 에스컬레이터에서 끊임없이 줄 서는 지루함을 감수해야 한다. 좁은 역사驛舍에서는 사람들이 엉키는 것을 방지하기 위해 전철 역 구내 곳곳에 줄 서는 위치와 계단 오르내리는 방향을 선과 화살표로 세세하게 지시하고 있다. 차도車道 역시 사정이 같기는 마찬가지다. 웬만한 시내 도로는 왕복 2차선으로 시작해 4

도쿄 다카다노바바(高田馬場) 전철 역에서 내려다본 와세다(早稻田) 차도의 모습. 전철 노선이 3개나 교차하는 중형 상권에 속함에도, 촘촘하게 들어선 건물들 앞의 도로는 왕복 2차선에 불과하다. ⓔ

차선 안팎에서 끝을 맺는다. 그러니 서울 강북의 광화문 대로와 강남의 테헤란로, 한강 변의 올림픽 대로와 강변북로 같은 대도大道는 천황이 거처하는 황궁 근처에서나 만날 수 있는 꿈길일 뿐이다. 우리나라를 방문하는 일본인들에게 길 넓고 집 넓은 한국이 SF 영화 속의 한 장면처럼 다가오는 이유가 여기에 있다.

해서, 집 밖에 나와도 무언가가 항상 앞을 가로막고 있는 듯한 답답함은 한국인을 포함한 외국인들이 곧잘 느끼는 '일본 풍토병'이다. 반면, 태어나서부터 이런 환경에 익숙한 일본인들에게 넓고 개방적인 장소는 오히려 버겁기만 하다. 『일본열광』이라는 책을 낸 심리학자 김정운에 따르면 심리학회 파티에 참석한 일본인들은 서양인들에 비해 훨씬 가까운 거리에서 이야기를 나누는 경향이 강하다고 한다. 간격이 넓어지면 불편하게 느낀다는 얘기다.

그래서일까? 이어령 교수가 『축소 지향의 일본인』에서 날카롭게 지적하고 있는 일본의 '욱여넣기 문화'쓰마리 문화는 '구겨져 살아야만 하는 일본'에서 자연스레 탄생한 산물이라는 생각이다. 삶 자체가 '쓰마리つまり'다 보니 당위적으로 작은 것을 빽빽하게 장식하는 일본 문화가 만들어졌다는 것이다. 그런 의미에서 '일본은 소국이고, 한국은 대국'이다.

08

판도라
상자의
마지막 희망,
'온천'

필자: 노천 온천에 들어가서 아침 햇살을 받는 순간, 정말 황홀한 기분을 느꼈습니다.

일본어 선생: 열도에 살면서 스트레스가 많은 일본인은 바로 그런 순간, 최고의 행복을 느낀답니다.

2009년 가을, 도쿄 북쪽에 위치한 군마群馬 현의 구사쓰草津 온천에 다녀온 적이 있다. 한국에서 부모님이 오셨기에 모처럼 나들이에 나선 것이다. 교통비와 여관비가 워낙 비싼 일본이다 보니 어디 나서려 마음만 먹어도 절로 위축되는 분위기에서 자동차까지 빌려가며 다녀온 일정은 1박 2일 코스.

우리나라의 영동 고속도로에 해당하는 간에쓰關越 고속도로를 한 시간 정도 주행한 후, 다시 꼬불꼬불한 산길을 무려 두 시간 이상 달린 끝에 도

필자를 황홀경에 빠지게 했던 구사쓰
(草津) 여관 온천탕의 아침 정경. 온천
탕의 자욱한 연기 사이로 비치는 아침
햇살이 형용할 수 없는 분위기를 자아
낸다. ⓔ

땅속에서 솟아 나오는 온천물은 어느
정도 유황이 걸러진 다음, 마을 곳곳
의 목욕탕으로 공급된다. 마을 한복
판에서 걸러진 유황은 조그마한 비닐
봉지에 담겨 구사쓰 온천의 발원지 근
처에서 판매된다. ⓔ

하수구를 통해 흐르는 구사쓰의 우황 온천물은 사각 트렌치 맨홀 뚜껑마저 부식시킬 정도로 강한 산성을 띠고 있다. ◉

일본인의 사랑을 독차지하고 있는 구사쓰 온천의 모습. 마을 한가운데에서 솟아오르고 있는 유황 온천 주변에는 수많은 호텔과 여관 및 휴양 시설들이 들어서 있다. 온천물이 하얗게 보이는 까닭은 엄청난 양의 흰색 유황이 섞여 있기 때문이다(사진 출처: Lori Kusatsu, 위키피디아 커먼스).

착한 목적지는 흡사 지옥도와 같은 풍경을 펼쳐놓고 있었다. 주변이 온통 시커먼 산으로 둘러싸인 가운데 발밑이 푹 꺼진 듯한 지형에 자리한 조그마한 마을에서 자욱한 유황 연기가 피어오르고 있었기 때문이다. 1만여 개에 달하는 일본 온천 가운데에서도 열도인들이 명천名泉 중의 명천名泉으로 꼽는다는 구사쓰 온천이었다.

　미리 예약한 숙소에 들러 여장旅裝을 풀고, 해당 숙소의 온천에 들어가 보니 삶은 계란 껍데기에서 나는 듯한 비린내가 진동한다. 산성 성분에서 비롯된 유황 특유의 냄새라는 것이 주인장의 설명. 유황과 수증기가 뒤범

일본 혼슈의 동북부 지역으로 노천 온천을 즐기러 오라는 어느 관광 홍보 포스터. 겨울이 되면 전철역 곳곳에 신칸센과 연계된 온천 여행 광고가 등장한다. 참고로, 일본인들은 눈이 오는 가운데 즐기는 노천 온천욕을 최고의 도락으로 꼽는다. ☞

벅된 연기를 헤쳐가며 온천 물에 발을 담그는 순간, 다시 한 번 놀라고 말았다. 마치 전기에 감전된 듯, 발끝에서 찌르르한 기운이 감돈 까닭에서다. 유황 온천에서 흔히 경험할 수 있는 현상이라는데, 워낙 유황 함유량이 많다 보니 피부가 잠시 경기驚氣를 일으켰던 것이다.

실제로, 구사쓰 온천은 일본 최고의 유황 함유량을 자랑하고 있기에 10엔짜리 동전을 1주일만 담가두면 동전이 삭기 시작한다고 한다. 그리고 보니 벽에 난 구멍을 통해 탕으로 흘러들어오는 온천물은 낙하지점에 위치한 돌 역시 푸르스름하게 변색시키며 한 움큼 삭여 놓았다. 후에 자료를 찾아보니 하도 강한 산성 때문에 어떤 세균이나 유해 미생물도 몇 초 안에

당일치기 온천 여행을 소개하는 어느 웹사이트. 정보를 게재하고 있는 온천 수만
5,000여 개 이상이라는 정보가 인상적이다.

죽고 마는 것이 구사쓰의 유황물이란다. '명의名醫도 구사쓰의 온천도 상사
병만큼은 치료하지 못한다'는 속담을 낳은 구사쓰의 명성이 결코 허언虛言
만은 아님을 확인하는 순간이었다. 이곳에서 몇 달간 온천욕을 계속하면
웬만한 아토피도 씻은 듯이 낫는다는 후문後聞이다.

　다음 날 아침, 다시 한 번 온천욕을 하러 탕에 들어갔을 때 마침 떠오르
는 햇빛 한 줄기가 필자의 몸 안으로 쏟아져 들어왔다. 곧이어, 말로는 표현
못할 감동과 행복이 몸속 깊숙한 곳에서부터 밀려왔다. 나중에 도쿄로 돌

아와 구사쓰 온천에 다녀온 이야기를 전하며 당시의 기분을 어눌하게 설명하자, 일본어 선생은 "그래서 열도인들은 그런 순간, 일본인으로 태어난 자신을 가장 행복하게 느낀다"는 말로 화답해주었다.

온돌도 들어오지 않는 냉방에서 추운 겨울을 나기 위해 일본인들은 '유탄포'라 불리는 따뜻한 물주머니를 품고 잔다. 사진은 '유탄포'를 파는 어느 전문 사이트. 가장 널리 쓰이는 형태의 상품을 필두로 여러 종류의 상품들이 전시되어 있다.

이제껏 일본을 소개하면서 신神마저 저버린 재난의 땅임을 유달리 강조한 것 같아, 이번엔 신이 준 '작으면서도 큰 선물'에 대해 이야기하고자 한다. 재앙과 불행, 고통 등과 함께 판도라의 상자에서 마지막으로 튀어나온 '희망'에 대한 이야기라고나 할까?

태풍과 폭우, 호설과 지진으로 끊임없이 시달리는 일본인들에게 위안을 주는 계절 축제로, 봄엔 벚꽃을 즐기는 '하나미'花見, 여름엔 불꽃놀이를 구경하는 '하나비'花火, 가을에 단풍을 만끽하는 '모미지가리'紅葉狩가 있다면, 열도의 겨울엔 단연코 온천 여행으로 불리는 '온센 료코'温泉 旅行가 있다. 참고로 길고 습한 여름을 나기 위해 일본의 가옥에는 대부분 안방에 다다미를 깔아 놓는지라 추운 겨울엔 온돌식 난방이 불가능하다. 결국, 아랫목이라는 개념 자체가 없는 냉방에서 한겨울을 나야 하는 일본인들은 잠들기 전에 욕조에 한참 동안 들어가 몸을 발갛게 데운 후, 그 열기가 식기 전에 이부자리에 드는 방식으로 겨울을 나왔다. 이와 함께 '유탄포'湯たんぽ라 불리는 보온 물통을 가슴에 끌어안고 잠자리에 드는 것도 냉기 가득한 방 안에서 겨울을 보내는 방법이었고. 사정이 이렇다 보니 '온센 료코'로 일컬어

2006년 개봉되었던 영화 〈일본 침몰〉의 한 장면. 활화산들이 모두 분화를 시작한다는 우려가 현실화되면서 혼슈 북부가 온통 불길에 휩싸이고 있다.

TV에서 방영된 일본 지진대의 모습. 컴퓨터 그래픽으로 재현한 지도에 열도 밑의 엄청난 양의 에너지가 생생하게 나타나 있다. ☞

지는 온천 여행은 그 연장선상에서 명승지도 구경하고 온천욕도 하며 혹독한 겨울을 이겨내는 청량제 구실을 톡톡히 해왔다.

사실, 온천은 지진 및 화산과 불가분의 관계에 있다. 열도 자체가 유라시아 판, 태평양 판, 북아메리카 판 그리고 필리핀 판과의 경계부에 정확히 위치하고 있다보니 땅속에서 지각

가고시마(鹿兒島) 현에 위치해 있으며 지금도 계속 분화 활동을 하고 있는 활화산, 사쿠라지마(桜島)를 하늘에서 내려다본 모습. 섬 해안가에 몰려 있는 주택가와 도로들이 눈에 띈다. (사진 출처: 위키피디아 커먼스)

끼리 부딪치며 발생하는 엄청난 에너지가 고스란히 지하수를 끓이기 마련이다. 이 때문에 전 세계 활화산의 10%에 해당하는 86개 화산이 일본에 집중되어 있는 것도 결코 우연이 아니다. 근래 들어서는 2000년, 도쿄 앞바다에 위치한 미야케三宅섬에서 화산이 분화해 섬주민 전원이 대피한 바가 있으며, 몇 해 전부터는 홋카이도의 우스有珠산과 규슈의 운젠다케雲仙岳 등에서 분화가 일어나기도 했다. 2011년 1월에도 규슈 지역의 신모에다케新燃岳 화산이 분화를 재개해 해당 지역이 한바탕 소동을 겪은 바 있다. 일본을 대표하는 후지산 역시, 지금까지 여러 차례 분화했고 앞으로도 계속 불을 뿜을 것으로 예상되고 있다. 재미있는 사실은, 후지산과 같이 용암류나 화산 방출물이 두텁게 퇴적된 화산엔 온천이 없다는 것. 해서, '후지산이 보이는 곳엔 온천이 없다'라는 하코네箱根 지방의 이야기도 전해 내려오고 있다.

목욕과 온천욕이 생활화되어 있다보니 영화 소재로도 자주 활용되는 것이 온천이다. 사진은 2007년 도쿄 스기나미 구에서 열렸던 온천 영화제의 광고 포스터. 지금은 좀처럼 찾아보기 어렵지만 예전에는 무척 자연스러웠던 남녀 혼욕이 영화의 한 장면을 통해 관객들에게 전달되고 있다.

어쨌거나 온 나라를 뒤덮다시피한 온천 덕에 온갖 종류의 관련 상품들이 발달한 곳 또한 일본이다. 당일치기 온천 여행인 '히가에리 온센'에서부터 '로텐부로'노천 온천는 물론, '온천 테마파크', '온천 영화제' 등에 이르기까지 종류와 상품만도 수백 가지다. 필자 가족들이 종종 들르곤 했던 지바干葉 현의 '우라야쓰 만게쿄'浦安万華鄉란 온천은 퇴근길의 직장인들을 겨냥해 온천욕과 함께 저렴한 저녁 식사를 패키지로 묶어 팔기도 했다. 이 같은 배경 속에 2007년 도쿄 스기나미杉並 구에 위치한 한 소극장에서는 두 달간 온천을 배경으로 한 영화를 상영하기도 했다. 당시 영화관 측이 엄선한 일본 영화들은 우리에게도 잘 알려진 〈이즈의 무희〉와 〈설국〉을 비롯해 〈온천여의〉溫泉女医, 〈48세의 저항〉, 〈젊은 녀석〉, 〈애정〉, 〈온천의 게이샤〉 등 무려 32편에 달했다.

그래서일까? 세계에서 가장 청결하다는 일본인들의 습성에는 풍부한 물과 함께 곳곳에 널린 온천이 한몫했다는 생각이다. 그런 의미에서 열도의 온천은 태풍과 지진에 시달리는 일본인들에게 태양의 여신 '아마테라스'가 준 조그마한 선물인 셈이고.

09

그때그때
다른
나무 사랑
이야기

문 1: 한국인들이 가장 좋아하는 나무는?
답 1: 소나무입니다.

문 2: 그렇다면 일본인들이 가장 좋아하는 나무는?
답 2: 그때그때 다릅니다.

　동일한 어순, 비슷한 외모, 공통된 한자 문화권. 하지만 나무를 놓고 보는 양국 간의 취향은 이렇듯 다르다. 실제로 소나무는 한국인들에게 거의 전부에 속하는 나무이지만, 일본인들에게는 때에 따라 순위가 바뀌는 나무일 뿐이다. 녹록하지 않은 자연환경 속에 살아가려니 나무조차 상황에 따라 이용하려는 심리에서일까?
　애국가에도 등장하는 소나무는 열매에서부터 잎은 물론, 줄기와 뿌리

벚꽃 개화 시기에 대한 정보를 미리 제공하기로
유명한 '웨자마푸'란 인터넷 사이트의 홈페이
지. 3월 25일부터 규슈를 중심으로 벚꽃이 피
기 시작해 차츰 북상하는 전선이 순차적으로 잘
나타나 있다. 2011년 2월 15일 접속했을 당시,
아직 '준비 중'이라며 정보가 제공되지 않고 있
는 혼슈 북부와 홋카이도가 눈에 띈다.

에 이르기까지 한국인들의 삶과 밀접한 관련을 맺고 있다. 예를 들어, 한국인들은 솔가지 꽂은 금줄을 문간에 달고 태어나, 소나무로 만든 집에서 솔잎과 송홧가루 떡·과자를 먹으며, 소나무 뿌리에서 얻은 약재로 병을 다스리고 송진으로 불을 밝히다, 죽을 때도 소나무 관에 들어간다. 이런 소나무는 또 사시사철 푸른 까닭에 고금을 막론하고 시詩, 서書, 화畵 속에서 우리 선조들의 으뜸 사랑을 듬뿍 받아왔다.

반면, 세계적으로 유명한 일본의 벚나무는 희로애락을 함께하며 회춘
回春의 기쁨을 만끽하기 위한 감상목感想木으로, 소나무는 늘 건강하기를 염
원하는 마음에서의 건강목健康木으로, 대나무는 하늘 높이 쭉쭉 뻗는 것처
럼 오래 살기를 염원하는 장수목長壽木으로 제각각 사랑받아 왔다.

먼저 벚나무다. 봄철이면 화려하게 성장盛粧하는 벚나무는 평소 좀처럼
들여다보기 힘든 일본인들의 감정을 엿볼 수 있는 계절목季節木이다. 춥고
지루한 겨울이 지났음을 알리는 전령사傳令使이기에 1년 내내 감정 절제에
익숙해 있는 일본인들이 유일하게 흐트러진 모습을 보여주는 대상이기도
하다.

일본의 주거 문화는 길고 습한 여름을 잘 견디기 위한 다다미가 상대
적으로 발달한 만큼, 겨울용 난방은 매우 취약하다. 말하자면, 온돌 없이

벚나무에 꽃이 피기 시작하면 공원과 강변은 벚꽃놀이를 위해 나오는 사람들로 인산인해를 이룬다. 사진은 2009년 봄, 벚꽃놀이를 위해 도쿄 우에노 공원에 놀러 나온 인파들. 흐드러진 벚나무 아래는 이미 자리를 깔고 앉아 여흥을 즐기는 사람들로 발 디딜 틈조차 없다. ◉

다다미 위에서 한겨울을 보내야 하는 것이 일본이라는 말이다. 그렇게 외풍과 냉기로 가득한 겨울 방에서 몇 달을 지내다 벚꽃이 봄소식을 알리기 시작하면 온 나라가 열병을 앓는 대소동이 펼쳐진다. TV의 일기 예보는 어느덧 벚꽃 개화開花 예보로 바뀌며, 벚꽃 개화 전선의 북상이 온 국민의 관심사로 떠오른다. 특히, 벚꽃이 본격적으로 피기 시작하는 3월부터는 주말마다 공원과 강변의 벚나무 명소에서 좋은 위치를 차지하며 봄기운을 만끽하려는 인파들의 자리다툼이 시작된다. 비단 개화에만 국한된 것이 아니다. 꽃이 질 때도 필 때 못지않게 전 열도가 열병을 앓는다. 그리고 보면, 벚꽃이 피고 지는 3, 4월은 졸업과 입학, 입사入社와 퇴임退任이 함께하기에 희로애락을 찍는 사진 한편엔 가슴 뭉클한 벚꽃들이 자리하게 마련이다.

아이러니한 사실은 벚나무에 푸른빛이 돌기 시작하면, 언제 그랬냐는 듯 꽃놀이에 대한 광기 어린 애정이 객쩍게 끝난다는 것. 그런 벚나무는 일반 가정보다 공원이나 강변에 대규모 숲으로 조성되는지라 계절의 한 축을 담당하는 시민들의 감상목感想木으로서의 역할이 크다고 할 수 있다. 그렇다면 일반 정원에서 가장 쉽게 눈에 띄는 일본 나무는?

여러 나무를 꼽아볼 수 있겠지만, 필자가 보기에는 단연 소나무를 들 수 있다. 사시사철 푸른 데다 관상용으로도 보기 좋아 뜰에 흔히 심는 까닭에서다. 특히 호텔이나 유명 정원에서는 온갖 지지대와 밧줄로 얼기설기 묶어놓은 관상용 소나무들이 심심찮게 내방객들을 맞이하고 있다. 하지만 우리네 소나무와 다른 점이 있다면, 일본 소나무는 상록수로서 1년 내내 건강함을 잃지 않으려는 일본인들의 희망 사항을 고스란히 품고 자란다는 것이다.

열도의 소나무는 또, 신토神道를 위시한 민간신앙에서 신령을 맞이하는 신령목神靈木이나 죽은 이가 신령이 되도록 도와주는 조력목助力木으로도 널리 알려져 있다. 소나무, 松의 일본어 발음 '마쓰'와 '기다리다'待라는 동사의 발음 '마쓰'가 같은 것은 결코 우연이 아니다. 말하자면, 사시사철 푸름으로 하늘을 올려다보며, 붉은 나무껍질로는 사악한 기운의 접근을 차단함으로써 언제든 신이 내릴 수 있도록 몸을 마련 중인 나무가 일본 소나무라는 것이다. 반짝 달궈졌다가 금방 식어버리는 벚나무 사랑과 달리, 잘

도쿄 분쿄(文京) 구에 있는 진잔소(椿山莊)라는 정원 내의 소나무들(위). 시각적인 미를 최대한 연출하기 위해 밧줄과 지지대를 이용해 소나무를 키우고 있다. ◉

정원수로 가장 흔히 심는 것이 소나무다. (아래) 사진은 필자가 살던 도쿄 다카다노바바(高田馬場) 주택가의 어느 집 정원의 소나무의 모습. ◉

드러나지 않는 곳에서 일본인들의 무병무사無病無事를 지원하는 소나무는, 그 때문에 가장 보편적이며 지속적인 애정을 받고 자란다.

안타까운 사실은, 조경목으로서의 소나무를 제외하면 자연 속에 있는 그대로 남아 있는 소나무가 갈수록 줄어들고 있다는 것이다. 인터넷 사이트 '소나무 명품관'에 '한자 문화권의 소나무'라는 글을 올리고 있는 김문학 일본 구레吳 대학교 사회정보학부 교수에 따르면, 현재 북부 지역을 중심으로 일본에 남아 있는 소나무 숲은 제주도보다

나가노 현 노지리 호수 인근에 있던 YWCA 캠프에서 찍은 사진. 하늘로 20m는 족히 쭉쭉 뻗은 아름드리 적송들은 초록색 바탕의 비닐에 번호가 매겨진 채 소나무 재선충의 전염으로부터 보호, 관리되고 있었다. 번호표에 '293'이라는 숫자가 쓰여 있다. ◉

조금 더 넓은 면적인 20만 헥타르에 지나지 않는다고 한다. 이 같은 사정은 중국도 마찬가지여서 동북 3성에 조금 남아 있는 것이 고작이라고 한다. 반면, 한국의 경우는 전 국토에 걸쳐 충청남북도를 합한 정도의 크기인 150만 헥타르가량의 소나무 산림이 번성하고 있다고 한다. 그래서일까? 필자가 2010년 여름, 가족과 함께 놀러 갔던 나가노 현의 노지리野尻 호수 주변에는 아름드리 적송赤松들에 일일이 번호표가 붙어 있었다. 나중에 물어보니 소나무 재선충 탓에 갈수록 줄어드는 소나무 숲을 보존할 목적으로 번호를 매겨가며 한 그루 한 그루를 정성껏 관리하고 있다는 설명이었다.

솔가지, 짚 등과 함께 가게 앞이나 건물 앞에 내놓는 정월 장식품 가도마쓰(門松). 이름에는 소나무를 의미하는
'마쓰'가 들어가 있지만, 정작 장식품으로 사용되는 주재료는 대나무다. 횡액을 방지하고 무병장수와 풍요를
기원하는 일본의 전통적인 의례행위에 동원된 대나무로서는 그야말로 한겨울에 날벼락인 셈이다. ◉

일본에서 한국 편의점의 불고기 삼각김밥에 해당
하는 것이 우메보시 삼각김밥이다. 우메보시 삼각
김밥은 말 그대로 삼각김밥 안에 큼지막한 우메보
시 한 알을 박아 넣은 것인데, 시대를 초월해 열도
인들에게 꾸준히 사랑받고 있는 먹거리 스테디셀
러다.

우메보시는 교실 도시락에서도 종종 눈에 띤다. 반
찬과는 별도로 밥 가운데 한 알을 얹어놓으면 전형
적인 우메보시 도시락이 된다.

각설하고, 해가 바뀌어 어느덧
새해를 맞이하면 이번에는 대나무
가 으뜸 사랑을 독차지하게 된다.
하늘 높은 줄 모르고 솟아오르기에
장수長壽를 상징하는 일본의 대나무
는 모든 가정과 음식점, 상가에서
반드시 구비해 집과 가게 앞에 내
놓아야 하는 필수품이다. 솔가지와
함께 여러 상징물들도 곁들여 꾸며
지는 '가도마쓰'門松란 이름의 대나
무 장식품은 천수天壽를 누리며 장
수하라는 기원祈願을 담고 있다. 슬
픈 사실은 이러한 '가도마쓰'가 대
나무를 잘라 만든 것이라 시퍼렇게
쭉쭉 뻗은 대나무들이 한겨울에 뽑
히고 잘리는 횡액橫厄을 당한다는
것. 해서, 일본의 대나무는 정월 행
사를 위해 하늘 높이 자라야 하는
운명을 지닌다.

덧붙이자면, 한국에서 선비의 지조를 상징하는 매화나무가 일본에서
는 고급 음식의 등급을 매기는 정도로 사용된다는 것이다. 모르긴 해도 유
교 영향으로 매화에 대한 관심이 있기는 하지만, 한겨울에 제일 먼저 꽃을
피운다는 사실 말고는 실용적인 면에서는 건질 것이 별반 없는지라, 음식

의 순위 가운데 가장 아래쪽에 배치했다는 것이 필자의 B급 견해다. 더불어, 선비는 매화와 잘 어울려도 사무라이는 좀처럼 어울리는 그림을 연출하지 못한다는 영상적인 측면도 무관심에 일조했다는 생각이다.

우리 정서에서 매梅, 난蘭, 국菊, 죽竹 가운데 으뜸 순위를 차지하는 매화가 열도에선 송松, 죽竹, 매梅의 끄트머리

한국의 매-난-국-죽에 해당하는 것이 일본의 송-죽-매이다. 사진은 소나무와 대나무, 매화에 대해 알아보는 어느 웹사이트의 화면. 서열에 맞춰 위에서부터 차례로 나열된 나무 간의 순위를 짐작할 수 있다.

로 배치되는 역전 현상 역시 이 같은 분위기를 뒷받침해 주고 있다. 한국에서는 주로 약과 술로 대접받는 매실梅實이 일본에서는 '우메보시'(일본식 매실 절임)라는 반찬으로 사용되는 것도 매화나무와 매실에 대한 양국 간의 인식 차이를 극명히 드러내고 있다. 결론적으로 일본과 한국의 나무 사랑은 '확연히' 다르다.

10

사쿠라를 보면 일본이 보인다

필자: 센세이! 니혼노 하나와 사쿠라데스카? (선생님, 일본의 꽃은 벚꽃입니까?)

일본어 선생: 지가이마스. 사쿠라와 쇼민다치노 하나데스. (아닙니다. 벚꽃은 서민들의 꽃입니다.)

필자: 그럼, 일본의 꽃은 무엇입니까?

일본어 선생: 일본의 꽃이란 것은 없습니다. 일반인들의 꽃은 벚꽃이며, 황실의 꽃은 국화입니다.

필자: 황실의 꽃은 왜 국화입니까?

일본어 선생: 벚꽃은 온갖 꽃과 함께 봄에 피지만, 국화는 가을에 고고하게 홀로 피니까요. 황실의 꽃이 다른 꽃들과 함께 필 수는 없잖습니까?

일본어를 익히느라 고군분투하던 도쿄 체류 당시, 박학다식했던 일본인 선생은 열도의 국화國花를 묻는 필자의 질문에 이렇게 답해주었다. 전

도쿄 지요다(千代田) 구에 자리한 일본 최대 신사(神社), 야스쿠니의 전경. 신사 전면에 드리워진 휘장마다 황실의 꽃인 국화가 크게 그려져 있다(사진 출처: 위키피디아 커먼스).

세계인들에게 널리 알려진 사쿠라가 실은 일본의 국화가 아니며 열도의 국화는 존재하지 않는다는 말이었다. 그런 면에서, 벚꽃인 '사쿠라櫻'와 국화인 '기쿠菊'는 일견 모순으로 가득 차 보이는 일본의 이중성을 가장 잘 드러내는 상징물들이라는 생각이다. 한국에서는 무궁화가, 네덜란드에서는 튤립이, 영국에서는 장미가, 스위스에서는 에델바이스가 제각기 민중적이면서도 민족적인 개성을 뽐내고 있지만, 이웃 일본에선 꽃마저 위, 아래로 구별되어 사랑받는 까닭에서다. 민주 국가임에도, 속을 들여다보면 여전히 봉건적이며 계급적인 일본의 현실을 대표하는 현상이라 아니할 수 없다.

우리나라의 국회의원에 해당하는 일본 중의원의 국화 문양 배지. 참고로 미국의 상원의원에 해당하는 일본의
참의원 역시, 국화의 크기가 조금 더 크고 장식용 끈의 색깔이 보라색인 국화 문양 배지를 지닌다.

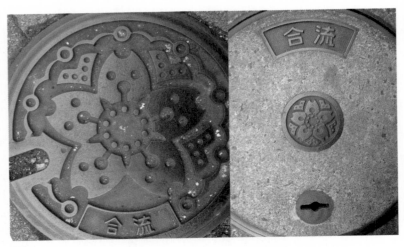

도쿄 지역의 하수도 맨홀 뚜껑에 새겨진 벚꽃 문양. 맨홀 뚜껑의 크기와 쓰임새에 따라 여러 종류의 벚꽃들이
새겨져 있다. ◉

실제로, 황실을 대표하는 국화는 일본 국회의원들의 배지에 새겨져 귀한 대접을 받는 반면, 벚꽃은 길거리의 맨홀 뚜껑 장식물로 쓰이면서 서민들의 발자국을 감내해야 하는 게 열도의 현실이다. 국화는 또, 야스쿠니靖國 신사의 휘장에서부터 메이지明治 신사의 제등提燈에 이르기까지 엄숙한 모든 곳에 자리한 채 민중들의 경배를 강요하지만, 벚꽃은 하나미花見: 꽃구경가 시작되는 4월의 공산품工產品으로 뭇사람

도쿄 시부야(澁谷)에 있는 메이지 신사의 본당 앞에 장식된 제등. 큼지막하게 그려진 국화가 인상적이다. 메이지 신사는 메이지 유신의 주역이었던 무쓰히토(睦仁) 천황과 그의 부인을 기리기 위해 1920년 창건되었다. ◉

들의 한시적인 눈요깃감이 될 뿐이다. 대조적으로 한국의 무궁화는 동요에서부터 애국가를 거쳐 경찰관과 군인의 계급장은 물론, 청와대의 문양에 이르기까지 전국 어디에서나 쉽사리 접할 수 있는 국화國花 중의 국화國花다.

일본 역사에서 국화가 황실의 꽃으로 등극한 지는 200년이 채 되지 않는다. 무사 정권인 바쿠후幕府의 통제 아래, 황실의 권위가 땅에 떨어져 있던 시기에는 꽃을 운운하는 자체가 배부른 소리였다. 가마쿠라鎌倉, 무로마

치, 에도 바쿠후*를 거치는 7세기 동안, 옷을 기워 입고 밥을 굶어야 하는 천황이 나올 정도로 일본 황실의 살림은 궁핍했다. 그러다 1868년의 메이지 유신 이후, 천황이 일본의 최고권력자로 부상하면서 비로소 국화가 황실의 문장紋章으로 채택되기 시작한다. 국화는 이후, 일본인들의 일상생활로부터 급속히 멀어지며 황실의 전유물로 변용되기에 이른다.

재미있는 사실은, 한국과 중국에서 절개의 상징으로 칭송받는 매화가 일본에선 좀처럼 기를 펴지 못한다는 것. 선비와 달리 사무라이에겐 한겨울에 고고하게 피는 매화보다 목숨에 연연하지 않듯 쉬이 피고 금세 사그라지는 벚꽃이 더욱 끌렸던 것이다. 물론, 매화가 일본 땅에서 존중받지 못한 이면에는 한국, 중국과 달리 겨울이 혹독하지 않은 기후적 환경도 자리했다고 볼 수 있다. 그런 연유로, 대륙 문명이 열도를 거세게 흔들던 고대 일본사에서 매화는 상류층의 찬미를 받았지만, 일본 문화가 본격적으로 꽃을 피우는 헤이안平安 시대(794~1184년) 이후부터는 벚꽃에 그 자리를 내어주게 된다. 해서, 이어령 전 문화부 장관은 한韓, 중中, 일日 삼국이 유럽연합EU처럼 합치면 상징화로 매화가 좋을 거라 했지만, 이는 벚꽃과 국화로 양극화된 열도의 현실과 다소 동떨어진 감이 없지 않다.

하지만 그런 이어령도 일본의 꽃 문화에서 날카롭게 집어낸 것이 있었으니, 바로 조밀성으로 대표되는 '구와시이'詳しい가 그것이다. '구와시이'란 '자세한'이라는 뜻의 일본어로 일본인들이 미의식을 거론할 때 자주 등장

---

* 가마쿠라 바쿠후는 일본 최초의 무사 정권으로 1185년 미나모토노 요리토모(源賴朝)가 수립했다. 무로마치 바쿠후는 1336년 아시카가 다카우지(足利尊氏)가 겐무(建武) 정권을 쓰러뜨리고 세운 무사 정권이며, 에도 바쿠후는 도쿠가와 이에야스(德川家康)가 1603년 세운 무사 정권이다.

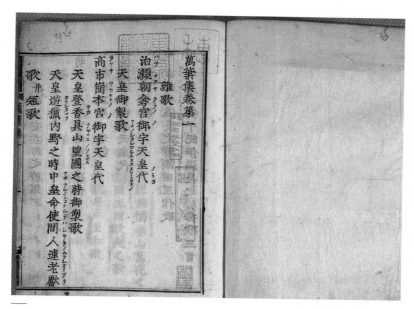

일본 국립국회도서관에 소장되어 있는 『만요슈』의 첫 장. 좌측 페이지의 오른쪽 맨 위에 '만엽집권제일(萬葉集券第一)'이라고 쓴 한자가 보인다. 참고로 『만요슈』는 7세기 후반부터 8세기 후반에 걸쳐 만들어진, 일본에서 가장 오래된 시집이며 모두 4,536개의 가사가 실려 있다.

하는 말 가운데 하나다. 그의 명저 『축소지향의 일본인』에 따르면 일본인들은 예로부터 여러 시집詩集을 통해 작으면서도 치밀하고 빽빽한 미美를 찬양해왔으며, 일본의 고시집인 『만요슈萬葉集』에 가장 많이 등장하는 꽃역시, 아주 작으면서도 다닥다닥 붙어 있는 싸리꽃이었다고 한다. 현대에 이르러서도 조밀성에 대한 일본인들의 사랑은 계속되어, 여학생들이 주고받던 은방울꽃에서부터 바와 스낵, 다방의 이름으로 애용되는 등꽃에 이르기까지 작고 치밀하게 뭉쳐 있는 꽃들이 으뜸 사랑을 받아왔다는 것이 그의 전언傳言이다.

필자가 보기에 일본의 진정한 국화는 벚꽃이다. 벚꽃 구경을 '사쿠라미'가 아닌 '하나미'라 하는 데에서도 알 수 있듯, 꽃의 대명사로 불리는 꽃이 사쿠라인 까닭에서다. 참고로 '하나'란 일본어로 '꽃', '미'는 '보기'라는 말이다. 사진은 도쿄 지요다 구의 무도관(武道館) 옆 지도리가후치(千鳥ヶ淵) 연못가에 흐드러지게 핀 벚꽃들(사진 출처: 위키피디아 커먼스).

　　그런 의미에서 한 그루당 수십만, 수백만 개의 꽃을 피우는 벚나무는 상징하는 바가 매우 크다 하겠다. 비록 꽃잎 수는 다섯 장에 불과해 꽃 자체의 조밀성은 떨어지지만, 한 그루의 나무에서 징그러울 정도로 많은 꽃들이 피어나기에 벚나무 자체가 거대한 '구와시이 하나'를 형성하기 때문이다. 여기에서 '하나'はな란 꽃을 뜻하는 일본어. 말하자면, 집약적이면서도 몰개성적으로 군집을 형성하는 일본인들의 특성을 더도 덜도 없이 반영하는 '큰키나무'교목가 벚나무라는 것이다. 한데 다른 나라에서 사랑받는 꽃들은 주로 무궁화와 튤립, 장미와 에델바이스같이 적절한 수의 꽃봉오

리들을 개성적으로 연출해내는 '작은키나무'관목나 여러해살이풀 꽃이라 일본의 사쿠라가 더욱 극명하게 대비될 수밖에.

엄밀히 말해, 사쿠라가 일본의 대표적인 꽃으로 인식된 데는 일본 군국주의의 탓이 크다. 물론, 이전부터 사쿠라가 일반 백성들의 사랑을 듬뿍 받아온 것은 사실이다. 일본 작가들이 사쿠라를 소재로 다양한 시와 산문, 소설과 수필을 써온 문학사가 이를 잘 증명하고 있다. 하지만 20세기 들어 일본 군국주의가 '구와시이 하나'를 이루는 벚나무에 주목하면서 사쿠라의 상징성은 180도 바뀌게 된다. 혹독한 자연환경 속에 신화와 함께 살아가고 있기에 어느 국가보다도 상징물과 금기가 많은 열도에서 군국주의를 떠받드는 매개물로 적극적으로 활용되었기 때문이다. "만세일계의 태양천황을 위해 한꺼번에 피고 지는 벚꽃처럼 목숨을 집단적으로 아름답게 버려라"라는 슬로건 아래, 벚꽃은 애국심을 불사르는 대유적 상징물로 등치等値되기에 이른다. 『사쿠라가 지다 젊음도 지다』의 저자인 오오누키 에미코大貫惠美子는 이에 대해, 근대 일본이 벚꽃을 통해 일반 민중들에게 군국주의 이데올로기를 어떻게 주입해왔는지 생생하게 밝히고 있다. 가미카제神風 특공대원들의 수기를 통해 저자가 추적한 벚꽃의 상징성은 절대자를 위해 죽는 것 자체가 가장 숭고하고 아름다운 행위라는 유미주의唯美主義와 맞닿아 있다.

결국, 수백만 개의 꽃송이가 일제히 피고 지는 장관은 같은 시기의 히틀러가 뉘른베르크 전당대회에서 수십만 명의 나치 당원들을 동원해 펼치던 거대한 매스 게임과 마찬가지로 열도의 젊은이들에게 전체주의 이데올로기를 깊숙이 주입시킨다. 더불어 "천황을 위해 아름다운 사쿠라 꽃잎처럼 져라"라는 군부의 정치 선전은 막스 베버Max Weber와 에밀 뒤르켐

영국 맨체스터 소재 과학 산업 박물관에 전시된 일본의 가미카제 전투기. 당시 18세 안팎의 학도병들은 자살 공격용으로 제조되었기에 날 수만 있도록 만들어진 전투기를 타고 영원히 돌아오지 못할 길을 떠났다. 비행기 앞부분에 그려 넣은 벚꽃 문양이 인상적이다(사진 출처: 위키피디아 커먼스).

Émile Durkheim이 지적한 대로 '사고'思考보다 강력한 '상징'으로 작용하며 일본인들이 자신의 목숨을 초개草芥처럼 버리도록 강제시킨다. 그런 까닭에 고우영의 원작 만화『일지매』에서는 주인공이 의적질을 하며 현장에 한 가닥의 매화 가지를 남기지만, 일본의 가미카제 특공대는 군복에 한 가닥의 사쿠라 가지를 꽂으며 미 항공모함을 향해 자신의 제로 전투기를 내리꽂는다. 꽃을 가꾸는 데 신비한 기술을 가진 국민이 어떻게 폭력을 숭상하며 미치광이 전쟁을 수행할 수 있는지,『국화와 칼』의 저자 루스 베네딕트가 좀처럼 풀지 못했던 수수께끼의 정해正解라고나 할까?

　한국인들과는 너무 다른 일본인들의 세계관이 꽃을 통해 여실히 드러나는 또 하나의 대상물이 바로 꽃꽂이다. 세상 그 어디에도 없는 인공적인 자연물의 극치. 오랫동안 고이 키워온 꽃송이들을 자르고 꺾어서 시각적인 즐거움을 위해 인위적으로 배치하는 이기적 탐미주의는 군국주의자들의 그것과 매우 흡사하다고 볼 수 있다. 마찬가지로, 조그마한 나무를 화분에 심어 놓고, 조이고 틀며 붙들고 묶어서 더욱 작게 만드는 분재盆栽 역시, 멀쩡한 자연물을 자신의 통제하에 두려는 사무라이적 기질에서 발흥했다는 생각이다.

가미카제 특공대에 소속된 어느 소년이 출격 직전에 찍은 사진. 군복 여기저기에 꽂은 사쿠라 가지가 인상적이다. 당시, 패색이 짙던 일본 군부는 공군 사관학교 생도들이 자살 출격을 거부하는 바람에 고등학교 또는 대학교를 채 마치지도 않은 학도병들을 자발적이라는 명목하에 강제 징집했다.

우리네 선조들은 꽃 한 송이, 풀 한 포기를 꺾고 뽑을 때조차 조심하며 예를 갖췄다는데. 이에 대해 필자가 존경해 마지않는 고故 오주석 교수는 자신의 저서 『한국의 미 특강』을 통해 조상들은 예로부터 잔치를 할 경우에, 생화生花를 잘라 꽂기보다 종이로 만든 지화紙花를 백자 항아리에 놓고 놓았다고 증언하고 있다. 그는 궁중에서 잔치를 할 경우에는 전부 종이꽃을 만들어 꽂았는데, 종이꽃을 만드는 과정이 '지화를 꽃피운다'는 말이었다고 덧붙이고 있다. 사정이 이럴진대, 꽃을 먹을거리로 대하는 한국인들의 엽기성(?) 또한 꽃을 유미주의적 대상으로만 파악하려는 열도와는 달라도 너무 다르다. 음력 3월 3일 삼짇날에는 진달래 화전을 부쳐 먹고, 음력 9월 9일 중양절에는 국화차를 마시는 한민족의 먹을거리에 일본인들은 목숨까지 걸며 죽어갔으니 일본에 대한 글을 쓰면 쓸수록, 문화적·정서적 거리가 점점 멀어지는 것은 정녕 필자만의 느낌일까?

사쿠라와 거대 동기화 현상

사쿠라가 일본인들의 정서 깊숙이 파고든 데는 이어령 전 문화부 장관이 지적했던 조밀성의 특징과 함께, 한꺼번에 피고 지는 '거대 동기화'가 복합적으로 상승 작용을 일으켰다는 생각이다. 일제히 만개하고 단 한 번에 모두 사라지는 허무함이 조밀의 미와 함께 집단적 유미주의로 연결되었다는 것이다. 그런 일본인들이기에 그들의 시각에서 한국 역사상 가장 아름다운 장면 가운데 하나를 꼽는다면 아마 '백제 멸망과 함께 낙화암에 진 삼천 궁녀의 자살이 아닐까?' 공상해본다.

사실, 찰나의 집단 미학은 우리에게도 익숙한 광경이다. 아프리카에서 엄청난 수의 홍학들이 일제히 비상하는 것이라든지, 수백, 수천 마리의 반딧불이 일제히 같은 빛을 내는 것들이 그것이다. 『과학 콘서트』의 저자 정재승에 따르면, 매개체에 의해 연결된 진동자들이 동시에 같은 박자로 운동하는 현상을 '동기화 현상synchronization'이라고 일컫는다고 한다. 그렇게 볼 때, 한 그루에서만도 수십만, 수백만 개의 꽃들이 일제히 피었다가 일제히 사라지는 사쿠라는 바로 '거대 동기화 현상'의 정점이자 최고봉이다.

신토는 어느 나라나 지니게 마련인 수많은 민간 신앙이 오늘날까지 면면히 이어져 온 일본판 '제례의식 선물세트'다. 명절마다 차례를 지내고 기일이면 제사를 올리는 한국인들의 전통이 당연한 것처럼, 일본인들 역시 '묻지 마' 기도와 '눈도장' 박수로 자신들의 참배를 신들로부터 확인받는다.

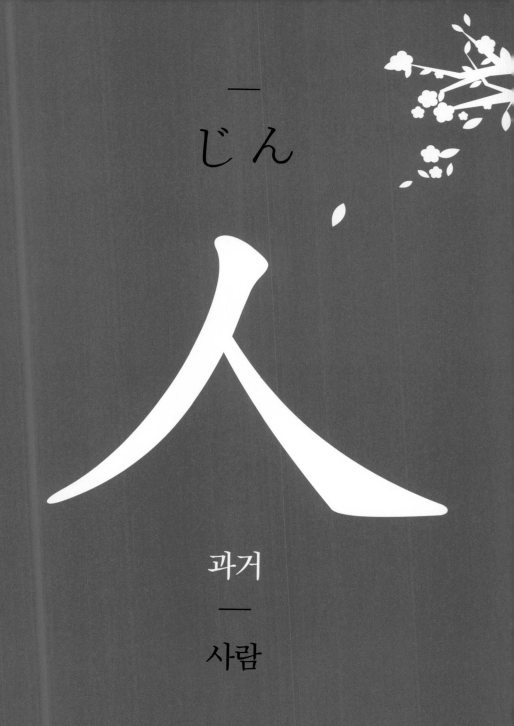

じん

人

과거
—
사람

11

역사는
돌고
돈다

    2002년, '메구미'라는 여성의 이름이 전 일본을 뒤흔들었다. 일본 총리
로서는 사상 처음으로 방북한 고이즈미小泉 전 총리 앞에서 김정일 국방위
원장이 '메구미' 납북 사건을 공개적으로 시인했기 때문이었다. 25년 전,
니가타 현에서 학교를 마치고 집으로 돌아오던 도중, 감쪽같이 사라진 중
학교 1년생 '메구미' 양의 납북 의혹이 진실로 판명된 것이다. KAL기 폭발
테러범 김현희의 제보 이후, 북한에 전방위적인 압박을 가하며 일본인 납
북 사건에 집요하게 매달려온 일본 정부의 끈기가 마침내 빛을 발하는 순
간이었다.

    세계 어느 나라보다 자국민들의 사고에 민감하게 반응하며 안전 보호
에 총력을 기울이는 나라. 그래서 조금이라도 큰 인명피해가 발생했다 치
면 온 열도가 열병을 앓듯 들끓는 나라. 하지만 그런 일본이기에 대북 문
제에서 불거져 나오는 온갖 악재들은 평생 짊어져야 할 자신들의 업보라
는 생각이다.

'정부 납치문제 대책본부'라는 이름의 웹 사이트. 북한에 납치된 일본인들의 문제를 전문적으로 다루고 있는 일본 정부의 홈페이지로, 해당 웹 사이트에는 12건에 거쳐 모두 17명이 납치된 것으로 보고되고 있다.

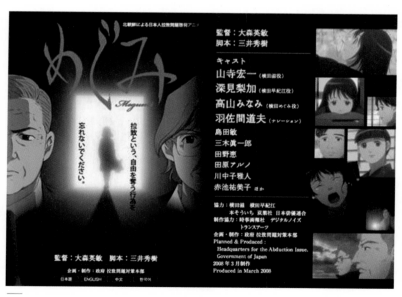

납치된 요코다 메구미의 실화를 바탕으로 일본 정부가 2008년에 만든 애니메이션. 미국, 일본, 한국, 독일 등 4개국에 영화와 만화책, 비디오와 홍보책자로 배포되었다.

도쿄 우에노 공원 역 앞에서는 납북 일본인들의 송환을 돕기 위한 모금 행사가 1년 내내 열리고 있다. 사진은 납북 문제에 대해 정부의 적극적인 개입을 촉구하는 민간단체에서 시민들을 대상으로 서명운동을 벌이고 있는 모습. ◉

　돌이켜보면, 민간인 납치의 원조이자 가해자는 언제나 일본이었다. 그것도 북한처럼 십수 명 정도가 아닌 대규모 수준으로 신라인과 고려인, 조선인을 마구잡이로 납치해 갔다. 동아시아 역사가 개진된 이래, 중국과 한반도는 물론, 인도차이나 반도의 해안 주민들에게 왜구로 대표되는 일본인들은 공포 그 자체였다.

　하늘과 땅 모두 험하기 이를 데 없는 세상의 끝에 살며 성정性情이 광폭하기만 한 왜구는 호전성과 잔인함에서 북유럽의 바이킹이 무색한 해적들이었다. 왜구의 '구'寇자가 약탈을 일삼는 도적 떼라는 뜻에서 보듯, 그들의 주된 악행은 노략질에 있었다. 그런 왜구들이 한반도의 해안가를 유린하며 저질렀던 단골 만행이 바로 민간인 납치. 더욱이 이러한 납치극은 세기를 거듭할수록 정도가 심해져 나중에는 중앙 정부조차 대규모 납치에 동참하게 된다. 바로, 임진왜란과 정유재란을 통해 한반도에서 끌고 간 10만여 명의 조선 백성들이 그 산증인들이다. 그랬기에 도요토미豊臣 정권을 타도한 도쿠가와 바쿠후가 화친과 통상 재개를 요청했을 때, 조선에서 내걸었던 첫 번째 조건 역시 납일拉日 조선인들의 조속한 귀환이었다.

그로부터 400년이 흘러, 역사는 정반대로 흐르게 된다. 열도에서 일본인들이 감쪽같이 증발하는 사건이 종종 벌어지기 시작했고, 그때마다 북한이 배후자로 지목되는 '역사逆史'가 되풀이되었다. 아이러니한 사실은 이런 북한의 모습이 비단 민간인 납치에서뿐만 아니라 모든 면에서 일본의 지난날과 놀라우리만치 닮았다는 것.

2003년, 미녀들로만 구성된 북한의 응원단이 한국을 찾은 적이 있다. 방문 장소는 하계 유니버시아드 올림픽이 열리고 있던 대구. 당시, 302명으로 이뤄진 대규모 북한 미녀 응원단은 일거수일투족이 5,000만 국민의 관심사였다. 한데 대회 막판에 한국인들을 환상으로부터 깨어나게 했던 일이 있었으니, 다름 아닌 김정일 장군 초상화 사건이었다. 버스로 이동하는 와중에 길가에 걸린 김정일 장군 초상화가 비에 젖는 것을 본 북한 아가씨들이 신경질적으로 울고불고하며 발작을 일으켰던 것이다.

70년 전 일본 역시, 지금의 북한 모습 그대로였다. 황궁 앞의 다리 사진만 보고도 절을 할 정도로 공경해 마지않는 존재가 천황이었다. 어버이보다 소중하고, 하늘보다 높은 대상. 그랬기에 라디오를 통한 천황의 항복 선언은 일본 국민들에게 도저히 받아들일 수 없는 비극이었다. 하지만 안

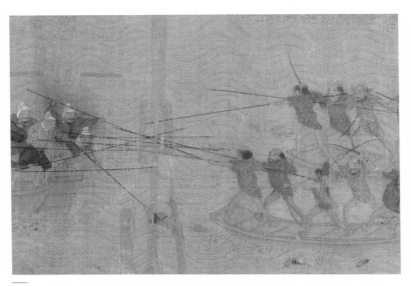

왜구의 소굴이었던 타이완에서 왜구와 전투를 벌이는 명나라 수군의 모습. 16세기 전반, 명나라에 의해 그려진 그림으로 도쿄대학출판회의 『왜구도권(倭寇図巻)』에 실려 있다. 당시 왜구는 한반도와 중국 해안은 물론, 동남아시아까지 진출해 무자비한 살육과 약탈, 납치를 감행했다.

타까운 사실은 그런 천황 숭배가 단지 백성들의 눈물과 경배만을 요구하지는 않았다는 것. 그러잖아도 지진으로 화재가 많은 일본에서 벽에 건 천황의 사진이 탈까봐 불붙은 교사校舎로 뛰어들다 소사燒死한 교장과 학교 선생들은 그 수를 헤아릴 수조차 없다. 해마다 내려오는 천황 칙서를 군중과 부대원들 앞에서 읽다가 잘못 발음하는 바람에 자결한 사람도 부지기수다. 천황을 위해 전쟁터에서 죽어간 젊은이들은 그 수가 집계조차 되지 않는다. 모두 군국주의의 광풍 속에 국가로 대표되는 한 사람을 위해 살다 간 슬픈 인생들이었다. 그래서일까? 과거 자신이 내보였던 광기를 현재의 북한에서 발견하는 일본은 더더욱 북한의 도발이 부담스럽기만 하다.

평양 만수대의 김일성 동상에 참배하고 있는 북한 주민들. 일본에 천황이 있다면 북한에는 김일
성과 김정일이 있다(사진 출처: John Pevelka, 위키피디아 커먼스).

　천황이 하사한 술을 마시고 미국 항공모함에 뛰어든 게 가미카제 전투
기의 일본이라지만, 온 국민이 헐벗어가며 만든 미사일을 일본 열도 위로
날려버리는 것 또한 북한이다. 그런 북한이 미사일이라도 쏠라치면, 온 일
본은 그야말로 야단법석이다. 더욱이, 첨단 과학 기술이 태풍과 해협이라
는 자연적 방어막을 걷어내면서 오는 불안감은 상대가 북한이라는 사실
과 함께 더욱 큰 공포로 다가온다. 물론 이면에는 군사 대국을 향한 당위
성 확보의 과장도 있지만, 실제 북한인과 북한에 대해 느끼는 일본의 공포
는 과거 한반도가 왜나라 일본에 느꼈던 공포와 다를 바가 없다.

　생각하면, 빨간색을 즐겨 쓰는 것에서부터 인민복이나 다름없는 제복
을 즐겨 입는 것까지 일본과 북한은 여러모로 '형제 국가'다. 동아시아에

한, 북, 일 세 나라의 국기에는 모두 빨간색과 원이 들어가 있어 얽히고설킨 인연이 은연중에 드러나 있는 듯하다.

위치해 있음에도 유교라는 종교보다 신토神道와 공산주의라는 종교로 무장하고 있는 것이나, 조직과 국가를 위해 일사불란하게 움직이는 삶 또한 그러하다. 이웃 국가들과 화목하지 못해 분란을 자주 일으키고, 주변은 상관치 않는 독자적인 행보 탓에 국제사회의 따가운 눈초리를 받는 것에서도 그러하며, 폐쇄적이고 자국의 이익만 챙기려는 태도 역시 대동소이하다. 살아 있는 신에 대한 충성도 경쟁에서 서로에게 절대 뒤지지 않는 점도 무시하기 어렵다. 양국의 국경일 가운데에서 천황과 지도자 동지가 차지하는 비중 역시 인상적이다. 북한의 경우에는 10일 가운데 2일이, 일본은 15일 가운데 5일이 수령 동지와 천황에 관한 국경일이다. 그렇다면 한국은? 예수와 석가모니가 탄생한 날은 경축해도 세종 대왕이 태어난 날은 기념하지 않는 게 우리 정서다.

김일성 유적을 참배하고 김일성 탑 앞에 방문해야 하는 북한이나, 황궁을 방문하고 신사에서 참배해야 하는 일본은 꼴과 모양에서 합동이다. 더욱 기이한 사실은 일본을 누구보다 미워하는 북한의 현재가 과거의 제국주의 일본과 판박이라는 것. 해서, 김일성과 김정일이 꿈꾸었던 사회가 과거, 아니 현재의 일본일지도 모른다는 상상 역시 조심스레 힘을 받는다.

1941년 태평양 전쟁을 일으킨 일본 군부는 더욱 체계적인 징발을 위해 '국민근로훈련소'라는 기구를 설치, 젊은이들을 징집하기 시작했다. 사진은 '국민근로훈련소' 입소식에서 일본 젊은이들이 황궁을 향해 절하고 있는 모습.

모두가 쌀밥에 고깃국을 먹는 가운데 당사자는 신의 위치에 군림하며 국민의 추앙을 받는다는 점에서 말이다. 북한을 아우로 둔 한국과, 과거의 자신을 북한에서 보는 일본의 인연이 범상치 않은 이유가 여기에 있다.

탄생일과 법정 공휴일

　　나라마다 조금씩 다르지만, 개인의 생일을 국경일로 정하는 선진국은 거의 없다. 살아 있는 사람의 경우는 더욱 그렇다. 그런 관점에서 보자면 일본의 국경일과 북한의 국경일은 분명히 닮았다. 다음은 양국의 법정 공휴일이며, 빨갛게 표시된 공휴일은 중요 인물들의 생일 또는 중요 인물들의 거동과 관련 있다.

일본의 법정 공휴일

1월 1일 설날
1월 15일 성인의 날
2월 11일 건국 기념일: 일본의 시초를 연
　　　　　진무 천황이 즉위한 날
3월 21일 춘분
4월 29일 쇼와(昭和) 천황의 생일
5월 3일 헌법 기념일
5월 4일 녹색의 날
5월 5일 어린이날
7월 20일 바다의 날: 1876년 메이지 천황이
　　　　　최신식 배를 타고 홋카이도를 거쳐
　　　　　요코하마에 귀항한 날
9월 15일 경로의 날
9월 23일 추분
10월 두 번째 월요일 체육의 날
11월 3일 문화의 날: 메이지 천황의 생일
11월 23일 근로감사의 날
12월 23일 아키히토(明仁) 천황의 생일

북한의 법정 공휴일

1월 1일 설날
2월 16일 2월절: 김정일 생일
4월 15일 태양절: 김일성 전 주석 생일
4월 25일 조선인민군 창건 기념일
5월 1일 국제노동절
7월 27일 전승기념일
8월 15일 조국 광복의 날
9월 9일 북한정권 창건 기념일
9월 21일 추석
10월 10일 조선노동당 창건기념일

12

저주받은
자연에 맞선
방패막이,
'신토'

까마득히 잊혀진 시절, 이젠 무의식만이 기억하는 시절, 은유는 사상이었고 상징은 현실이었다. 그때 사람들은 세계를 우리와 전혀 다르게 이해하고 또 다르게 느꼈다. 그들에겐 바람에 이는 나뭇잎, 물결 치는 보리 이삭마다 영혼이 깃들어 있고, 굴러다니는 돌멩이에도 숨이 붙어 있었다. 수풀과 호수마다 정령이 살았고, 대지는 어머니였다. …… 그들이 소망을 이루는 방식은 주술이었다. 들소를 잡고 싶으면 들소 그림에 창을 꽂았고, 비를 내리고 싶으면 연기를 피워 올렸다(진중권, 2003: 42).

불가능을 가능하게 한 사람. 1,000권도 팔리기 어려운 전문 도서 시장에서 무려 50만 부 이상을 판매하며 한국 미학사에 영원히 이름을 아로새긴 사람. 대중문화 비평가 진중권은 그렇게 마술이 예술이고 예술이 마술인 시절로부터 머나먼 미학 오디세이를 떠난다.

2003년 발사된 우주 탐사선 '하야부사'호가 7년 만인 2010년 말 30억㎞를 여행한 끝에 지구로 귀환했다. 달 이외의 행성에서는 처음으로 흙을 채취해 온 '하야부사'는 우주 기술에 대한 일본의 자부심을 고스란히 담고 있다. 사진은 '하야부사'호의 상상도(사진 출처: 위키피디아 커먼스).

도쿄 신주쿠(新宿) 소재 스미토모(住友) 빌딩 정원 안의 한구석에 세워진 신사. 지나가던 한 여성이 하루의 안녕과 복을 기원하는 기도를 올리고 있다. ◉

일본을 이해하기 위한 오디세이의 출발점이 '태양'이요, 중간 기착지가 '지진'이라면, 최종 목적지는 바로 '신토'神道로 대표되는 토속 신앙이다. 극세, 극소 기술로 가장 정교하고 가장 세밀한 물건을 만드는 데 따라올 경쟁자가 없는 나라. 인간처럼 자연스럽게 춤을 추는 로봇에서부터 우주 탐사선*은 물론, 하이브리드 자동차 개발 등에 이르기까지 21세기 첨단 산업의 정점에 서 있는 나라. 그런 일본은 또한 10만여 개에 이르는 신사神社에서 800만 명에 가까운 신들을 모시고 있는 '신들의 나라'이기도 하다.

결론적으로 말해, 신토는 어느 나라나 지니게 마련인 수많은 민간 신앙이 오늘날까지 면면히 이어져 온 일본판 '제례의식 선물세트'다. 명

---

* 일본이 2003년 쏘아 올린 우주 탐사선 '하야부사(隼)'를 일컬음. '매'란 뜻의 '하야부사'는 세계 최초로 달 이외의 소행성에서 물질을 채취, 7년 만인 2010년 말 지구로 귀환하는 데 성공했다. '하야부사'가 토양 성분을 채취해 온 곳은 지구에서 3억㎞ 떨어진 '이토카와'란 감자 모양의 작은 소행성이다.

교토 기요미즈테라(淸水寺) 내에 있는 오쿠니누시노 미코토(大国主大神) 신사. 우리나라로 치자면 월하노인에 해당하는 '인연의 신'을 모신 곳이다. 배필을 찾는 여성들의 발길이 1년 내내 끊이지 않는 곳으로도 유명하다. 입구 왼쪽에 좋은 인연을 기대한다는 '양연기원(良緣祈願)'이란 한자 팻말이 보인다. ◉

좋은 배필을 소망하는 아가씨들의 바람은 한국이나 일본이나 마찬가지다. 사진은 오쿠니누시노 미코토 신사의 본당에서 신관으로부터 좋은 인연을 소개받는 일본 처녀들. ◉

절마다 차례를 지내고 기일忌日이면 제사를 올리는 한국인들의 전통이 당연한 것처럼, 일본인들 역시 '묻지 마' 기도와 '눈도장' 박수로 자신들의 참배를 신들로부터 확인받는다. '눈도장' 박수란 '가시와데柏手'를 일컫는 말로 신神의 주의를 끄는 동시에 자신의 마음도 다잡기 위한 신토 고유의 의식이다. 해서, 양국 간의 차이가 있다면 한국은 기독교로 대변되는 세계 종교가 민간 신앙을 압도하는 반면, 일본에서는 아직 민간 신앙이 세계 종교를 압도한다는 것일 뿐이다. 이런 까닭에 최첨단 건물 옆에 신사를 짓고 아침마다 이곳에 들러 합장하는 일본인들이 우리에게 이해가 되지 않듯, 일본인들도 교회가 거리를 뒤덮은 한반도에서 입시 철이면 대학 정문을 엿과 떡으로 도배하며 온갖 합격 상품을 주고받는 한국인이 이해되지 않는다.

그러고 보니, 한국은 교회와 절에서 하는 일들을 일본에서는 신사가 대행해주고 있다. 한국에서는 동네 목사님도 입시 철이면 성령聖靈에 의지하는 기도를 해주시고, 단골 사찰의 주지 스님도 염불을 외워주시지만, 일본에서는 모든 일을 특화된 신들이 개별적으로 맞춤 대응해준다. 말하자면 합격에는 학문의 신인 스가와라 미치자네菅原道眞를 모신 덴만天滿 궁, 출세에는 고구려인 잣코若光를 모신 고마高麗 신사, 연애 및 결혼에는 오쿠니누시노 미코토를 모신 지슈地主 신사가 영험한 효력을 발휘한다는 것이다.

이런 일본의 신토 사상을 가장 잘 보여주는 것이 애니메이션 〈파이널 판타지〉. 지구 상의 모든 사물에 생명과 혼이 깃들어 있으며, 죽는 것은 전부 영靈에 해당하는 신이 된다고 믿는 일본인들의 사상이 〈파이널 판타지〉에 집약적으로 표현되어 있다. 당초 게임으로 만들어졌지만 대박을 터뜨린 데 힘입어 애니메이션 영화로도 제작, 상영되었던 〈파이널 판타지〉는 파

2001년 개봉되었던 애니메이션 〈파이널 판타지〉의 마지막 장면. 사진은 외계 생명체인 '팬텀'이 지구의 생명 줄기인 '라이프 스트림'과 합쳐지며 정화되는 장면이다. 이후, 새로 태어난 '라이프 스트림'은 황폐해진 지구에 새 생명을 불어넣는다.

괴된 자연이 인간에게 복수하는 내용을 담고 있다.

더 이상 개발할 자원조차 남지 않은 미래의 어느 날, 갑자기 나타나기 시작한 연기 같은 원령怨靈이 사람들을 흔적도 없이 연소시켜버린다. 원령 덩어리는 점차 커지며 인류를 절체절명의 위기로 몰아넣지만, 실체가 없는 적에 대해 인류는 속수무책으로 당할 뿐이다. 그런 인류에게 남은 마지막 방법이 바로 '가이아'로 표현되는 생명체 지구를 되살리는 것이다. 지구 전체가 숨을 쉬고 있는 생명체라는 이론에 따라 죽어가는 지구를 되살림으로써 결국 원령 덩어리를 제거하는 데 성공한다는 영화 줄거리는, 기실 불교와 도교적 가치관에 익숙한 우리에겐 그다지 새로운 게 없다. 안타까운 사실은 신토 사상으로 무장한 〈파이널 판타지〉가 정작 흥행에서 참패를 면치 못했다는 것. 천문학적인 돈과 대대적인 광고비를 앞세우며 완벽에 가까운 실사實寫로 미국 시장 공략에 나섰지만, 신토 사상에 공감하지

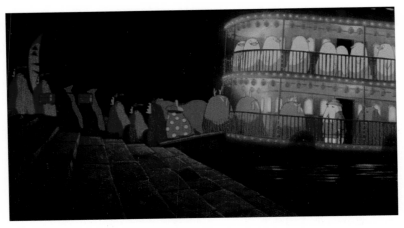

일본의 신들은 그다지 특별하지가 않다. 엄격히 말해, 일본에서 신이란 죽은 이의 정령을 일컫는다고 볼 수 있다. 그 때문에 부처도 예수도 일본에선 모두 정령으로 간주되어 수많은 신 가운데 한 명으로 대접받는다. 사진은 일본 애니메이션 〈센과 치히로의 행방불명〉에서 주인공 '센'이 근무하는 목욕탕으로 온천욕을 하러 향하는 여러 신의 모습.

못한 미국 관객들과의 소통에 실패한 탓이다.

미야자키 하야오宮崎駿 감독의 2002년 애니메이션 〈센과 치히로의 행방불명〉도 그런 일본의 신토 사상을 집약적으로 보여주는 결정판이다. 부모를 따라 이사 가게 된 치히로가 결계結界를 넘어 신들의 세계로 들어가면서 겪는 이야기가 줄거리를 이루는 영화에서는 동물들을 포함해 용과 마녀, 강의 신과 온갖 요괴들이 '신'이라는 이름으로 화면을 가득 메운다.

유일신으로 대표되는 기독교와 다신교의 최고봉인 신토는 애초부터 합성 자체가 불가능한 화합물이었다. 해서, 1억 3,000만 일본인 가운데 기독교도는 1%에 그치는 반면, 신토 신자는 아직까지 90%를 상회하는 게 열도의 현실이다. 그렇다면, 불교도 아니요, 유교도 아닌 신토가 일본에서 이토록 맹위를 떨칠 수 있는 이유는 무엇일까?

사실, 신토는 애니미즘에 가깝다. 애니미즘이란 쉽게 말해, 사물이나 동물을 숭배하며 만물에 정령이 깃들어 있다고 믿는 신앙이다. 흔히, 원시부족에서 발견되는 애니미즘은 앞서 진중권이 설명한 대로 마술과 예술이 분리되기 전의 시대에 위력을 발휘한다. 강력한 자연 앞에 무기력하기만 한 인간이 자신보다 우월한 존재의 힘을 빌려 마음의 안정을 얻으려는 종교가 애니미즘이기 때문이다.

언제든지 불을 토할 준비가 되어 있는 화산과 갈라진 땅 틈새에서 올라오는 유황, 여름이면 어김없이 찾아오는 태풍 등은 하루하루를 무사히 마치는 것이 천행天幸인 이

혹독한 자연환경 속에서 오래도록 무병장수하기를 기원했던 일본인들은 백수(白壽)도 아닌 천수(天壽)에 대한 희망을 주고받았다. 사진은 신토 의식인 시치고산(七五三)에 따라 여자 아이들이 일곱 살 되는 해에 기모노를 입고 사진을 찍을 때, 사진관에서 내어주는 전통적인 사탕 주머니 '지토세 아메'다. ◉

나라 백성들의 숙명적인 무대 장치였다. 하지만 무엇과도 비교할 수 없는 최악의 요소가 있었으니 다름 아닌 지진. 가장 굳건하고 단단하다고 믿었던 땅이 수시로 요동친다는 사실은 이 땅을 터전으로 살아가는 이들에게

저주, 그 자체였다. 북유럽의 혹독한 자연환경 속에 온갖 종류의 게르만, 바이킹 신화가 탄생한 것이나, 아메리카 대륙의 거친 들판에서 살아온 인디언들이 수많은 애니미즘과 제례 의식을 공유해온 것처럼, 버림받은 땅에서 살아가야 했던 일본인은 무시무시한 자연을 결국 신토 하나로 버텨내야 했다.

지구촌을 둘러보면, 정글과 극 지대에 사는 원시 부족과 에스키모 등도 숱한 금기禁忌와 무속 신앙을 지니고 있으며, 태풍과 지진으로 평온할 날이 없는 서인도 제도 역시 '부두교'라는 컬트 종교를 잉태시켰다. 부두교는 미국 영화를 통해서도 종종 소개되는 서인도 제도의 민간 신앙으로, 미국에서도 뉴올리언스 등 남부를 중심으로 흑인들 사이에서 행해지는 토착 종교다. 악마 숭배, 근친상간, 제물의식 등 기괴하고 음침한 온갖 의식이 어우러진 부두교는 아프리카에서 노예로 잡혀 온 흑인들이 허리케인과 지진으로 뒤덮인 세상의 끝에서 만들어낸 그들만의 방패막이다. 그런 의미에서, 태풍과 지진, 화산과 쓰나미가 1년 내내 정착민들을 두려움에 떨게 하는 열도는 탄생 순간부터 신토와 떨어지려야 떨어질 수 없는 숙명으로 이어져 왔다.

앞에서 『드래곤 헤드』라는 만화를 소개했었다. 후지 산이 대폭발을 일으키며 도쿄 주변의 간토 지역에 세기말적 지진이 강습한다는 내용이었다. 수천만 명이 떼죽음을 당하고 사람들이 미쳐 날뛰는 가운데, 살아남은 사람들이 택한 방법은 극한의 공포에서 해방되기 위해 뇌의 일부분인 '편도체'와 '해마'를 잘라내는 것이었다. '편도체'와 '해마'는 이른바 무서움을 느끼게 하는 뇌의 부위라고 한다. 그렇게 공포의 감정을 없앤 일본인들만이 '드래곤 헤드'라 불리는 기이한 형태의 민머리를 지닌 채 하루하루를

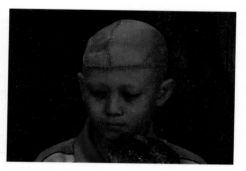

만화 원작을 바탕으로 2003년 개봉된 영화 〈드래곤 헤드〉는 세기말적 지진과 후지산의 분화로 극한의 공포에 휩싸인 인간들이 결국 뇌의 일부분을 제거해 더 이상 공포를 느끼지 않도록 한다는 줄거리로 많은 일본인의 공감을 샀다. 사진은 공포를 느끼게 하는 뇌 부위를 수술한 어린아이의 모습을 보여주는 장면.

지낸다는 설정은 많은 일본인의 공감을 샀다. 신토라는 토착 종교에 취해 재난 국가에서 하루하루를 견디는 것과 기본적인 구도가 대동소이하다는 생각은 그런 의미에서 더더욱 힘을 받는다.

　신토와 관련한 또 하나의 인상적이 사실은 교리도, 교주도, 경전도, 창시자도 없다는 것이다. 살아남기 위해 자연스레 형성된 종교이다 보니 생존 본능이 불경不敬과 금기, 숭배와 경외의 의식들을 하나씩 완성시킨 '눈먼 시계공의 시계'라고나 할까? 참고로 '눈먼 시계공의 시계'란 다윈의 진화론을 비판하던 신학자 윌리엄 페일리William Paley가 들었던 세기적 비유. 인간의 조상이 원숭이였다는 진화론을 반박하면서 "모래밭에서 발견된 시계가 장구한 세월이 흐른 끝에 자연스럽게 탄생된 결과물일 수 없듯 현재의 모습과 지성을 갖춘 인간 역시 저절로 만들어질 수 없다"며 "창조주가 만든 생명체가 바로 인간"이라고 주장했던 논증이다. 이에 대해 『이기적 유전자』로 유명한 진화생물학자 리처드 도킨스Richard Dowkins는 아예 『눈먼 시계공』(1986)이란 책을 통해 "복잡한 사물도 시간과 우연에 의해 만들어질 수 있다"며 "자연 선택의 과정이야말로 '눈먼 시계공'에 의한 것"이라고 반박했다. 일본인의 시각에서 보자면 창시자도 교주도 없는 신토야말로 리

신토의 여러 의식 가운데 당신(堂神)으로 모시는 팽나무에 낫을 찍음으로써 불행 또는 질병과의 악연을 잘라 버리고자 것이 있다. 참고로, 팽나무는 한반도 남부 및 제주도 등지에서 아직도 마을의 당신으로 모셔지고 있는 신목(神木)이다. 사진은 오사카 역사박물관에 전시되어 있는 신토 관련 사료. ◉

처드 도킨스의 '눈먼 시계공'이 만들어낸 결과물인 셈이다.

홍미로운 사실은 거친 자연 속에 마음의 평화를 얻고자 했던 일본인들이 민간 신앙에 노박이로 천착하는 동안, 한반도의 백성들은 색다른 신앙 앞에 줄서기 시작했다는 것이다. 17세기 말부터 간헐적으로 전파되기 시작한 가톨릭교도 만만찮은 위세를 자랑했지만, 한반도에서 백성들의 마음을 가장 많이 사로잡은 것은 다름 아닌 개신교였다. 일제 강점기, 암울하고 기댈 곳 없던 조선 백성들에게 '희망'과 '구원'이라는 메시지를 전파해 준 개신교는 그야말로 어둠 속의 한 줄기 광명이었다. 실제로 개신교는 20세기 전반을 필두로 이 땅에서 급속도로 세를 불리며 신토적인 민간 신앙을 일거에 몰아내 갔다. 결국, 해방 이후 들어서는 1,500년 역사의 불교마저 이인자로 끌어내리며 절반의 제정일치祭政一致 사회를 만드는 데 성공한 게 이 땅의 개신교다.* 그런 의미에서, 공산당이라는 정치 종교를 여태 고수하고 있는 중국이나 민간 신앙인 신토에 유달리 천착하는 일본의 종교적 행보는 한국을 포함한 동아시아 3국의 엇갈린 운명을 상징적으로 보여주고 있다.

---

* 이승만, 윤보선, 박정희, 전두환, 최규하, 노태우, 김영삼, 김대중, 노무현, 이명박 등 10명의 대통령 가운데 개신교인은 이승만, 윤보선, 김영삼, 이명박 대통령 등 4명이다.

13 사무라이 이야기 I

태조 이성계의 재발견

태조 이성계의 영정. 성공한 쿠데타로 정권을 장악한 무인이었음에도 세계사에 유례없는 문신 우대 정책으로 조선 왕조 500년의 찬란한 기틀을 마련하였다.

#1

　1392년 7월, 태조 이성계가 조선 왕조를 건립한다. 고조할아버지인 이안사李安社가 전주를 떠나 두만강으로 이주한 이래, 4대代 만의 일이다. 무력으로 정권을 찬탈한 무신武臣이었음에도 누구보다 문신文臣들을 우대하며 그들의 말에 귀를 기울였던 그는 세계사에 유례없는 유교 국가를 500여 년간 펼쳐나갈 땅을 고른다. 그의 이러한 정책은 그의 아들 태종에게도 그대로 이어져, 형제를

죽이며 왕좌를 차지하는 와중에도 철인왕哲人王을 키우는 밑거름으로 작용한
다. 플라톤이 염원해 마지않던 철인哲人 군주는 그런 토양 속에 '세종'이라는 이
름의 싹을 틔우며 찬란한 결실을 맺는다. 정책은 전통으로 굳어지고, 전통은 이
념으로 승화되는 법. '근대'라는 '달력'이 현대로 바뀌어서도 군부 쿠데타로 집
권한 박정희, 전두환, 노태우 전 대통령은 군인들을 물리고, 학자들을 앞세우는
문관 우대 정책으로 문치文治 국가 '조선'의 이념을 계승해나간다.

#2

　　1336년 7월. 일본 역사상 가장 중요한 전투가 벌어진다. 나날이 강성해지
는 일본 중부의 반란군 아시카가 다카우지足利尊氏가 천황의 궁이 있는 교토에까
지 손길을 뻗치고 있는 상황. 이에 대항해 고다이고後醍 천황의 군대가 최후의
결전을 벌인다. 당시 천황군의 무장武將은 백전노장 구스노키 마사시게楠木正成.
하지만 10만 명에 이르는 적군 앞에 급조된 4만 명의 병력으로 맞서는 것 자체
가 애당초 무모한 도전이었다. 출전에 앞서, 천황군의 수장首將은 백제의 계백
과는 다른 길을 모색한다. 아들에게 남기는 편지를 통해 "천하가 이미 '아시카
가'의 수중에 들어가고 있으니 결코 전장에 따라오지 말 것"과 "자신이 죽더라
도 따라 죽지 마라"고 당부한 것이다.

　　군주 정치의 마지막 희망은 구스노키가 16차례에 걸친 대접전 끝에 패배한
후 자신의 아들을 포함해 일족 16명과 함께 미나토가와湊川 강에서 자결함으
로써 막을 내린다.

　　사실, 반란군과 천황군으로 맞선 아시카가 다카우지와 구스노키 마사시게
는 한때 천황 복권復權을 위해 가마쿠라 무신 정권에 맞선 피의 동지들이었다.
그러다 아시카가 다카우지가 제2의 무신 정권 수립을 꿈꾸며 천황 타도의 길로

도쿄 지요다 구의 황궁 안에 있는 구스노키 마사시게의 동상(위). 도쿄에 있는 3대 사무라이 상 가운데 하나이며, 오늘날 충절의 상징으로 널리 알려져 있다(사진 출처: 야후 재팬).

구스노키 마사시게가 최후까지 저항하다 일족들과 함께 자결한 미나토가와 강변에 세워진 신사. 일명, 미나토가와 신사로 고베에 있다(사진 출처: I, Kenpei, 위키피디아 커먼즈).

들어서자 주군主君을 택하며 죽음의 길로 뛰어든 것이다. 미나토가와 강 전투에서 마지막 장애물을 제거한 아시카가는 이후, 천황의 수도에 입성해 무로마치 바쿠후를 세우며 숭무억문崇武抑文의 군인 정권을 수립한다. 비록 천황은 남쪽으로 도망가 잠깐 동안 남조南朝 시대를 열지만, 곧 멸망함으로써 일본 중세사와 근대사에서 '천황을 위한' '천황에 의한' '천황의 군대'는 영원히 사라지게 된다. 바야흐로 칼 있는 자가 칼 없는 자를 찍어 누르고, 힘없는 자는 힘 있는 자에게 목숨을 구걸해야 하는 본격적인 약육강식의 시대가 열린 것이다. 기독교사로 대변되는 서양 중세사가 암흑의 시대였던 것처럼, 강한 자가 약한 이를 농락하며 '총'과 '칼', '무력'과 '계급 통치'로 백성들을 길들이는 '일본열도 잔혹사'는 이때부터 무한 질주의 궤도로 들어선다.

아시카가 다카우지의 초상. 한때 천황군에 속해 있었지만 역모를 일으켜 열도에서 두 번째 군사 정권인 무로마치 바쿠후를 열었다.

웹 사이트, '일본 위키피디아'에서 제공하는 에도 바쿠후 시대의 직제. 한글의 '가나다'에 해당하는 '50음도'에 따라 모두 108개에 이르는 계급을 소개하고 있다.

외톨박이 '섬'이라는 씨줄과 지진/태풍의 '재난지대'라는 날줄 위에 사무라이가 그림을 그려넣은 직물이 '일본 역사'다. 한국의 근대사가 '붓'으로 쓰여 오늘날까지 이어져 왔다면, 일본의 근대사는 '칼'로 새겨져 대물림

체육 시간에는 한겨울에도 반바지를 입고 운동장을 도는 일본 소학교 어린이들. 어려서부터 강하게 단련시키는 것은 일본 공교육의 가장 큰 목표 가운데 하나이다. ☞

된 까닭에서다. 조선 왕조 500년을 통틀어 가장 존경받는 인물이 세종대왕이라지만, 필자가 보기에는 태조 이성계가 으뜸으로 추앙받아 마땅하다. 일본사를 들여다보면 들여다볼수록 태조 이성계의 초석礎石이 위대해지는 이유에서다. 시쳇말로 '태조 이성계의 재발견'이라고나 할까?

　우리에겐 숨 쉬듯 자연스러운 '학자 우대 정책'과 '사람은 모름지기 배워야 한다'는 사고방식은 세계사를 통틀어 결코 평범한 게 아니다. 유럽을 위시한 미국만 하더라도 계속 공부하는 이들은 별종으로 취급되며, 사회에 일찍 나갈수록 오히려 사람으로 대접받는 풍토다. 마찬가지로 일본 역시, 학자들이 정계와 사회에서 한국처럼 대접받지도 않으며, '사람은 모름지기 배우지 않아도 된다'는 사고방식이 지배적이다. 아무리 공부를 잘해도 문약文弱하면 인정받을 수 없기에 초등교육에서부터 '체육'은 매우 중요한 교과 항목이고. 해서, 학교에 비치된 외발자전거를 익히고 쉬는 시간마다 운동장을 돌며, 추운 겨울엔 반바지 차림으로 체육을 하면서, 소학교 6년 내내 수영을 배워야 하는 나라가 일본이다. 그러고 보면, 한국은 영화 〈두사부일체〉의 서열 2위 조폭(정준호 분)마저 고등학교에 진학해야 하는 '공부의 나라'고.

2001년 개봉한 〈두사부일체〉의 영화 포스터. 320만 명을 동원하는 호성적 속에 〈투사부일체〉와 〈상사부일체〉라는 속편이 제작될 만큼 많은 인기를 불러모은 영화다. 조직폭력배도 고등학교와 대학을 나와야 대접받는 한국의 현실을 적실히 보여준 작품이다.

붓보다 칼을 숭상하는 사무라이 문화는 도쿠가와 이에야스가 일본을 통일한 17세기 이후 더욱 꽃을 피워, 나중에는 무신만도 수십 개의 계급으로 세분화된다. 이에 따라, 18세기에 이르면 지배 계급은 쇼군將軍으로 잘 알려진 '대장군'에서부터 대영주와 소영주를 거쳐 상급, 중급, 하급 무사에 이르기까지 수십 단계로 정교하게 나누어진다. 재미있는 사실은 지배 계층이어도 한번 하급 무사는 영원히 하급 무사일 수밖에 없는 것이 당시 신

한·일 양국 간의 통치 수단이 붓과 칼이었던 차이만큼 양국 간의 지배계급 복식(服飾)도 극명하게 엇갈렸다. 한국의 선비가 흰 도포를 정숙하게 갖춰 입은 반면, 일본의 무사는 검은 기모노로 군인의 위엄을 한껏 내세웠다. 사진은 검은색의 일본 전통 기모노를 입고 커피를 선전하는 광고 사진 속의 일본인들. ◉

분제의 특징이었다는 점. 칼이 지배하는 세상에선 과거科擧 제도가 필요 없으니, 전쟁이 일어나지 않는다면 신분을 상승시킬 기회 자체가 없었다는 얘기다. 반면 인구 1천만 명도 채 되지 않던 조선에서는 출세를 꿈꾸며 과거 시험에 응시하는 유생 수만 10만 명에 달했다는 기록이 남아 있다.

결론적으로 말해, 정해진 위치와 계급 안에서 빼도 박도 못하며 평생 그 자리에 머물러야 했던 이들이 일본인이다. '열심히'라는 의미로 통용되는 일본어 '잇쇼켄메이—所懸命'는 자신의 집과 재산을 목숨 바쳐 지킨다는 의미도 있지만, 한평생 그 자리에 달라붙어 자신의 터를 보존해야 하는 고착固着의 슬픈 뜻도 담고 있다.

그렇게 세계사에 유례없는 한국의 문신 정치와 일본의 무신 정치는 오늘날의 '영국 대 프랑스', '이란 대 이라크', '그리스 대 터키'를 뛰어넘는 '가깝고도 먼 나라'를 만들었다. 일본을 찾는 한국인 관광객들이 "꼬집어 말할 수는 없지만, 달라도 너무 다르다"는 반응을 보이는 원인이라고나 할까?

그럼, 다음 장章에서는 붓 아닌 칼로 다스렸기에 부딪혀야만 했던 통치 계급의 한계가 피지배층에게 어떤 비극을 강요했으며 열도의 백성들을 어떻게 피눈물 나게 했는지에 대해 적어보고자 한다.

14 사무라이 이야기 II

세기말
폭력 만화가
현실이었다

핵전쟁으로 폐허가 된 199X년의 지구. 기존의 질서와 도덕은 모두 붕괴되고 약육강식의 법칙만이 철저하게 지배하는 '야만의 시대'가 온다. 세상을 힘과 폭력으로 지배하려는 무리들이 여기저기서 준동蠢動하고, 그들 아래에서 고통받는 백성들을 구하고자 가슴에 7개의 흉터를 지닌 '북두신권' 권법의 계승자 겐시로가 권선징악의 길을 나선다.

1983년 주간 만화잡지 ≪소년 점프≫에 소개된 이래, ≪소년 점프≫의 판매 부수를 80만 부나 끌어올린 『북두의 권北斗の拳』은 일본 만화 사상 최초이자 세계 만화 사상 최초로 1억 부가 팔린 초대형 베스트셀러였다. 그런 『북두의 권』은 또한, "너는 이미 죽어 있다"라는 명대사와 함께 인체 절단 장면을 적나라하게 묘사함으로써 세간에 숱한 화제를 뿌린 작품으로도 유명하다. 하지만 『북두의 권』에서 그려낸 잔인한 세계가 단순히 만화적인 허구라고만 생각하면 곤란하다. 지난 1,000년간 사무라이에 의해 좌지우지되었던 일본의 역사가 기실 『북두의 권』의 실제 배경인 까닭에서다.

真救世主伝説 北斗の拳 ラオウ伝 殉愛の章

北斗の拳

愛をとりもどせ!!
(MOVIE ver.)

CRYSTAL KING

모두 27권이 출간된 일본 만화책 『북두의 권』은 한국에서 『북두신권』이란 이름으로 발간되었다(위). 사진은 일본판 『북두의 권』의 단행본 표지.

보기만 해도 끔찍한 『북두의 권』 미니어처들. 도쿄하라주쿠(原宿)의 어느 유명 장난감 가게 5층에 전시된 것들로 맨손으로 사람의 얼굴을 부수는 것(아래 왼쪽)에서부터 사람의 몸뚱이가 싹둑 잘려 나가는 것(아래 오른쪽)까지 잔인한 것들이 거리낌 없이 진열되어 있었다. ◉

지금도 벼룩시장에 나가 보면 가장 많이 만나게 되는 골동품 가운데 하나가 '쓰바'라 불리는 날밑으로 이는 칼날과 칼자루 사이에 끼워서 손을 보호하는 테이다. 사진은 유라쿠초(有楽町) 역 '도쿄 국제 포럼' 앞 벼룩시장에 나온 칼과 '쓰바'. ⦿

1588년, 도요토미 히데요시豊臣秀吉가 일본 역사상 최초의 '칼 사냥'을 실시한다. 쇠붙이를 지닌 자는 누구든 왕좌를 넘보던 120여 년간의 혼란한 전국 시대를 평정했기에 더 이상은 무기가 필요 없다는 이유에서였다. 실제로, 전국 시대 당시 농민과 사원, 마을과 촌락 들은 살아남기 위해 칼과 창, 활과 총포로 무장한 채, 곳곳에서 광포하게 날뛰던 사무라이들과 대치해야만 했다.

그로부터 채 20년도 지나지 않아 이번에는 도쿠가와 이에야스가 두 번

째 '칼 사냥'을 실시한다. 세키가하라関ヶ原 전투에서 도요토미 히데요시 측을 완파한 후 도쿠가와 중심의 천하를 세우기 위해서였다.

세월은 흘러 흘러, 어느덧 도쿠가와 바쿠후의 운이 다한 19세기 말. 이번에는 메이지 유신을 앞세운 신정부가 다시 '폐도령廢刀令'을 실시한다. 서구 문물을 받아들이고 지배 계층인 사무라이의 특권 의식

TV 광고에서도 사무라이는 빼놓을 수 없는 단골 소재다. 한 감기약 광고에서는 두 검객이 대결을 펼치다 감기약을 먹지 않은 검객이 해가 질 무렵 기침으로 자세가 흐트러지면서 상대방으로부터 일격을 당한다는 내용을 선보이고 있다. ◉

을 박탈하려는 목적에서였다. 결국, 더 이상 칼을 차지 못하게 된 사무라이들은 할복자살하거나 정부와 전투를 벌이다가 전사하고, 남은 자들은 목검이나 칼집만 차고 다님으로써 마지막 자존심을 지키고자 한다.

칼은커녕 붓 단속조차 이뤄진 적이 없는 한반도와 달리, 국가적인 차원에서의 칼 단속만 세 차례에 이를 정도로 폭력이 일상적으로 행해졌던 나라. 그런 일본은 예로부터 칼로 흥하고 칼로 망해온 '사무라이의 나라'다. 말하자면, 칼로 상징되는 군국軍國 문화는 일본인들의 머릿속 깊숙이 자리 잡은 생존 코드이자 지극히 자연스러운 삶의 방식이었다.

붓과 종이에 기반을 두기보다 창과 칼에 의지하다보니 법보다 주먹이 효율적인 통치 수단으로 대접받은 것은 당연지사. 그 같은 이유로 분쟁의 사적 해결을 금지하기 위해 정부에서 가한 처벌은 가혹하기 이를 데 없었다. 예를 들어, 1592년에 관개용수를 둘러싸고 다툼을 벌이다가 치안령을 위반한 셋슈 마을 사람들의 비극은 지금도 역사의 한 페이지에 생생하게

화려하게 장식된 투구들. 『사무라이의 나라』를 쓴 이케가미 에이코(池上英子)에 따르면, 눈에 잘 띄는 투구 장식들은 전쟁터에서의 수훈을 아군 측에 쉽게 알리기 위한 목적으로 만들어졌다고 한다. 최전선에서의 활약상에 따라 상금과 토지가 지불되었기에 얼마나 큰 공을 세웠는지 아군 진영에서 쉽사리 알아보도록 투구 장식이 갈수록 화려해졌다는 것이다. 사진은 오사카 성, 히데요시 박물관 안에 마련된 여러 장식 투구들. ◉

기록되어 있다. "물을 두고 분쟁을 벌이는 바람에 83명의 농부가 처형되었다. 싸움을 금지하는 명령을 위반했기 때문이었다. 13세의 어린아이도 아버지 대신에 처형되었다"(이케가미 에이코, 2008: 237~238).

사무라이 역시 이러한 폭압에서 예외일 리 없었다. 17세기, 가가加賀 지방의 영주 마에다 도시쓰네前田利常는 "다른 지역의 사무라이와 벌이는 싸움과 말다툼에 관해서는 시비에 관계없이 처형한다. …… 어떠한 경우에도 인내가 최선이다. 비록 면목을 잃어도 그것이 치욕은 아니다. …… 잘 인내하는 사람은 신뢰를 얻을 것이다"라는 포고령을 선포했다. 포고령은 그다지 효력을 발휘하진 못했다. 칼질이 자신들의 존재 이유이기도 한 사무라이들이었기에, 마냥 참기만 하는 이를 신뢰하는 것 자체에 문제가 있었기 때문이다. 1647년 오카야마岡山에서 벌어졌던 일화는 그렇게 칼에 기댄 정치 철학의 한계를 여실히 보여준다.

어느 공휴일, 사무라이들이 성에 나왔다. 오기와라 마타로쿠로荻原又六朗가 동료 이코마 겐바生駒玄畓에 대해 '여러 가지 비난'을 쏟아냈다. 두 명은 이미 오랫동안 견원지간이었던 것이다. 겐바는 나중에 성에 나와 마타로쿠로가 자신을 험담했다는 것을 알았지만 그 자리에서는 '인내'하여 성내에서는 아무 일도 일어나지 않았다. 사건은 본질적으로 사소한 일이었지만 공적인 문제가 되어 버렸다. 마타로쿠로는 중상中傷이라는 나쁜 품행을 범했다는 이유로 할복자살을 명 받았다. 겐바의 태도는 영주가 있는 역내에서 인내의 모범으로 칭찬받았다. 그런데 놀랄 만한 일은, 그에 대한 처벌이 지극히 가혹했다는 것이다. 당국은 그의 토지와 직위를 몰수했는데 판결문은 그 이유를 이렇게 설명하고 있다.

'겐바로서도 마땅한 행동을 해야 했는데, 너무나 원만한 대응이기 때문에 젊은 영주를 시중드는 사무라이의 태도로서는 불충분하다. 동정이 가는 바이기는 하나 재산 몰수에 처한다. …… 이 결정 이후 다툼이 일어나면 시비를 가려야 한다고 생각할지도 모르겠지만 결코 그런 것은 아니다. …… 이런 경우는 '이렇게 하라'고 법으로 규정하기가 어렵다(이케가미 에이코, 2008: 320~321).

해서, 모욕 받은 자신들의 주군主君을 할복자살에 이르게 한 정부의 고위 관리를 47명의 사무라이가 살해했을 때, 도쿠가와 정권은 양측의 시시비비를 가리는 데만 무려 3개월 간의 법리 논쟁을 벌인다. 상사上司에 대한

복수극이 끝난 후 47인 사무라이 전원에게는 사형이 언도된다. 이에 따라 자신이 직접 배를 가르면, 고통을 덜어주기 위해 뒤에서 사형 집행인이 목을 쳐주는 할복 의식이 모든 이들에게 반복적으로 거행되었다. 그림 오른쪽 윗부분에 똑같은 복장으로 앉아 있는 이들이 47인의 사무라이들 가운데 일부분으로 자신의 차례를 기다리고 있는 모습이다. 사진은 당시의 상황을 실감나게 묘사한 〈大石內藏助良雄切腹之圖〉라는 그림으로, 현재 효고(兵庫) 현 국립역사박물관에 소장되어 있다. 혹시, 이 당시의 할복 의식에 관심이 있다면 이케가미 에이코가 쓴 『사무라이의 나라』를 참조할 것. 이때의 할복 의식과 절차가 상세하게 잘 나와 있다.

절대적인 충성이 최고 규범인 사무라이 사회에서 직속상관을 위한 복수는 응징할 수도, 그렇다고 안 할 수도 없는 딜레마였던 것이다. 물론, 정부 고관을 살해한 47인의 사무라이는 마침내 할복자살하라는 명命을 받고 모두 할복해 죽었지만.

이후에도, 칼에 의지한 군국 사회는 끊임없이 삐걱거리며 곳곳에서 로미오의 몬터규 가家와 줄리엣의 캐풀렛 가家를 양산해낸다. 하지만 갈수록

이제껏 수천만 명이 참배한 것으로 알려진 47인의 사무라이 묘소. 고이즈미 전 총리도 총리 취임 전 이곳에 들러 47인의 이름을 하나씩 부르며 예를 표했다. 도쿄 미나토 구(港区) 센카쿠지(泉岳寺) 안에 있다(사진 출처: 위키 백과).

심각해지는 사적 보복을 과도하게 규제하기 시작하자 사무라이의 공격성은 자기 자신을 향하기에 이른다. 주군의 죽음을 따르는 할복자살인 이른바 '준시殉死'가 그것이었다. 1607년, 도쿠가와 이에야스의 4남인 다다요시德川忠吉가 죽었을 때 네 명의 가신이 할복자살을 감행했다. 1636년에 유명한 무장 다테 마사무네伊達政宗가 죽었을 때는 15인의 사무라이가 자신의 배를 갈랐다. 그리고 1657년 나베시마 가쓰시케鍋島勝茂가 죽었을 때 가신 26인이 그 뒤를 이었다.

그런 지배층이 백성들에게 관대했을까? 농민이나 상인이 사무라이에게 무례하게 굴면 베어 죽여도 죄를 묻지 않는 살인 면허, '기리스테고멘切捨御免'이 그들에게 주어진 특권이었다. 말하자면 권총 찬 군인이 한낮에 모

욕당했다는 이유로 민간인을 쏴 죽여도 법적으로 아무 하자가 없는 나라
가 일본이었던 것이다.

그런 의미에서, 붓의 나라 조선은 일본과 달라도 너무 다른 길을 걸어
왔다. 필화筆禍는 있으되, 검화는 있을 수도, 있어서도 아니 되었던 나라. 마
찬가지로, 검화는 있으되, 필화는 존재할 수 없었던 나라 역시 일본이었
다. 그렇기에 소설가 김훈은 우리의 역사를 되짚어 보며 우륵에 대한 『현
의 노래』와 이순신에 대한 『칼의 노래』를 썼지만, 기실은 『붓의 노래』를
썼어야 했다는 것이 필자의 B급 견해다.

쥬신구라 이야기

한국에 '춘향전'이 있다면, 일본엔 '쥬신구라忠臣蔵'가 있다. 소설과 연극, 드라마와 영화 등을 통해 수천, 수만 번은 재현되었을 '쥬신구라'는 우리나라에서 '47인의 사무라이'로 종 종 소개된 이야기다. 줄거리는 다음과 같다.

아사노浅野 영주는 전국의 모든 봉건 영주들이 쇼군에게 경의를 표하는 의식을 관장하 게 된다. 하지만 세상 물정을 잘 모르는 데다 융통성도 부족해 궁정 예법에 대해선 무지에 가깝다. 결국, 아사노 영주는 에도 성의 신하인 동시에 중요 봉건 영주인 기라吉良로부터 예 법을 지도 받기에 이른다. 문제는 선물 정도의 성의 표시를 해야 하는 상황임에도 고지식

궁정 예법에 어두웠던 아사노 성주는 분을 참지 못하고 쇼군 앞에서 칼을 빼 들었다가 할복 자결하기에 이른 다. 사진은 우키요에의 대가 안도 히로시게가 당시의 상황을 판화로 재현한 〈忠臣蔵〉의 일부분. ◉

하게 맨입으로 계속 지도를 받는다는 것. 이에 기라 영주는 아사노를 골려 줄 요량으로 예법은 제대로 가르쳐주지 않고, 행사 당일에 어울리지 않는 복장을 입고 나오도록 지시하기에 이른다.

쇼군 알현 의식이 거행된 당일, 현장에서 자신이 모욕당했음을 비로소 깨달은 아사노는 다른 사람들이 미처 제지하기도 전에 칼을 뽑아 기라 영주의 얼굴을 내리친다. 다행히 사태를 눈치채고 급히 뒤로 몸을 피한 덕택에 기라 영주는 이마에만 칼자국을 남긴 채 목숨을 건진다. 단죄斷罪에 실패한 아사노가 택할 수 있는 길은 단 하나. 쇼군 앞에서 칼을 뽑는 행위가 대역죄에 버금가는 불경이었기에 자결해야만 했기 때문이다. 이제, 이야기의 씨앗을 심을 토양은 다져졌다.

아사노의 영지에서 소식을 전해 들은 사무라이들은 당장 복수에 나서자고 들고 일어

아사노를 자결에 이르도록 한 기라는 아사노 측의 보복이 두려워 자신의 신변 보호를 위한 경계를 대폭 강화시킨다. 역시 안도 히로시게의 작품이며 이하 동일하다. ◉

난다. 물론 도쿠가와 바쿠후에서는 아사노의 할복에 따른 부하들의 보복을 군주의 명으로 금지한 상태. 더욱이 복수를 두려워한 기라 영주는 주변에 엄중한 경계를 세우며 극도로 몸조심을 하기에 이른다.

뿌려진 이야기의 씨앗이 싹을 틔우는 것은 이제부터다. 우두머리 집사인 오이시大石는 아사노 영주의 재산을 모든 하인과 사무라이들에게 나눠주며 제각각 살길을 찾아 나서라고 지시한다. 이에 식솔 대부분이 자신의 몫을 챙겨 사라진 가운데 46명의 사무라이만 끝까지 지시를 따르지 않는다. 오이시는 자신의 지시를 완강히 거부한 46명의 사무라이와 손가락을 자르는 피의 맹세로 하나가 된 후, 기라 영주의 경계가 풀어질 때까지 각자 흩어져 살도록 지시한다. 이후, 47인의 사무라이는 민가로 흩어지며 기라 영주의 경계선상에서 자신들의 모습을 지워나간다.

세간의 눈을 피하기 위해 47인의 사무라이들은 저마다 아내를 떠나거나 누이를 첩으로 내다 놓으며 가정을 버리기 시작한다. ◉

오이시가 대놓고 오입질에 나선다. 더불어 동네 불량배들과 허구한 날 쌈박질을 일삼
으며 하루하루를 술독에서 지새운다. 나중엔 울며 매달리는 아내까지 내쫓아 버린다. 주변
에선 당연히 복수에 나서야 할 오이시가 자신을 망가뜨리는 데 대해 격분하며 상종조차 하
려 들지 않는다. 술집에서 만난 한 친구는 오이시와 이야기를 나누던 도중, 갑작스레 오이
시의 칼을 뽑아보기도 한다. 오이시의 모든 행동이 계산된 연극이라 생각하고 칼날의 상태
를 통해 그의 진심을 알고자 하는 마음에서다. 그러나 친구가 뽑은 오이시의 칼날은 이미
광채가 죽고 녹이 슬기 시작한 상태. 친구는 오이시에게 침을 뱉으며 발길질을 하는 모욕
을 가한다. 다른 사무라이들의 사정도 마찬가지여서 저마다 세간의 눈을 피하는 과정에서
온갖 조롱과 멸시를 받는다. 그러고 보니, 그들 가운데 한 명은 복수 자금을 마련하기 위해
아내를 유곽遊廓에 팔아넘겼으며, 또 다른 이는 기라 저택의 내부 정보를 알아내기 위해 자

드디어 복수의 그날이 다가왔다. 대장 오이시의 지휘 아래 47인의 사무라이들은 기라 영주의 저택으로 향한다.
👁

신의 누이동생을 기라 영주의 심부름꾼 첩으로 들여보낸다.

드디어 이야기의 꽃이 피어날 시간이다. 세월은 흘러 흘러 주군主君이 자결했던 봄은 여름으로 바뀌고, 가을을 지나 겨울로 접어들었다. 이미 세간에선 아사노 영주의 불명예스러운 자결이 잊힌 지 오래. 마침, 함박눈이 펑펑 내리는 와중에 기라 영주는 망년회를 겸한 주연酒宴을 베푼다. 초저녁부터 시작된 연회라 밤이 이슥할 무렵 경호하는 사무라이들은 모두 대취해버렸다. 그동안 기라 영주를 면밀히 정탐하던 동료의 누이가 성안의 동태를 알려오고, 46인의 사무라이들은 일순간 오이시 앞에 집결한다. 완전무장한 채 조용히 대오를 지어 기라 저택으로 향하는 47인의 사무라이들. 곧이어, 기라 저택을 급습한 사무라이들은 이미 반쯤 넋이 나간 적들을 쉽게 제압하고 곧바로 기라 영주를 찾아 나선다. 하지만 혼란의 와중에서 수많은 몸종 사이에 몸을 피한 그를 찾기란 쉽지 않은 일. 한참 뒤, 창고

주연이 한창 무르익을 무렵, 47인의 사무라이들이 성에 들이닥친다. ◉

한구석에서 자신은 기라가 아니라고 주장하는 어느 하인을 찾아내기에 이른다.

47인의 사무라이들 가운데 누군가가 외친다. "이마를 확인해봐라". 횃불을 이마에 비추자 선명한 칼자국이 드러난다. 47인의 사무라이들은 그 자리에서 기라 영주에게 할복할 것을 요구한다. 물론 기라는 이를 완강하게 거부한다. 결국 마지막까지 주군을 욕되게 한 그의 목은 단칼에 잘려 나가고, 47인의 사무라이들은 대오를 다시 갖춘 후 잘린 기라의 머리를 들고 아사노의 묘로 향한다. 이윽고 도착한 주군의 묘에선 망군亡君에 대한 봉고문奉告文이 오이시의 떨리는 목소리 아래 울려 퍼진다.

마침내 이야기의 열매를 맺을 시간이다. 바쿠후에서 엄중하게 내린 보복 금지령을 어긴 그들을 기다리고 있는 것은 스스로 목숨을 끊는 일뿐이다. 처자식을 내쫓고 누이동생을 첩으로 내보내며 이미 죽음을 각오했던 그들이기에 모두 바쿠후의 명을 담담하게 받아들

몸종들 틈에 숨어 있었던 기라 영주가 결국 사무라이들에게 발각되어 끌려 나온다. ◉

인다. 혹시나 있을지 모를 소요사태를 막기 위해 바쿠후에선 47인의 사무라이들을 십수 명씩 나눠 다른 장소에서 자결토록 하지만, 단 한 명도 자신의 운명을 거부하지 않는다. 그리하여 엄숙한 할복 의식이 진행되는 가운데 47인 모두 자기 배를 가름으로써 이야기의 대단원은 막을 내린다.

바쿠후의 영을 어기고 사적인 복수에 나선 사무라이들을 바쿠후가 곱게 볼 리 없다. 해서, 47인의 사무라이에 대한 구전□傳을 철저하게 단속시켜 나간 바쿠후지만, 해를 거듭하고 세기가 바뀌면서 어느덧 하늘의 별이 되어버린 '쥬신충신'들을 막아내진 못한다. 그리하여 가부키와 인형극, 노래와 소설 등을 통해 민중들 사이에서 가장 인기 있는 이야기 소재로 탈바꿈한 '쥬신구라'는 지금도 TV와 영화에서 끊임없이 리메이크되고 있다.

사무라이의 나라, 일본에서 '쥬신구라'는 마르지 않는 이야기 샘물이다. 왼쪽부터 TV 드라마, 영화 및 연극으로 리메이크된 '쥬신구라'의 광고 포스터들.

외양만 자본주의이지, 알맹이는 공산주의 국가가 일본이다. 이러한 일본을 잘 표현한 슬로건이 다름 아닌 '1억 총중류'. 1억 국민이 모두 중류층의 삶을 살 수 있도록 보장한다는 1970년대의 슬로건은 이후 일본과 일본인의 자긍심을 미쁘게 드러내는 대명사가 되었다.

じん

人

현재
—
사람

15

일본은
공산국가다

사유 재산이 없으니 빈부 격차가 없고, 진주나 보석은 어린애들의 장난감
으로 쓰인다.

토머스 모어Thomas More가 1516년에 펴낸 『유토피아』는 지구 상 어디에
도 없는 이상향을 그렸다는 점에서 서양판 무릉도원에 속한다. 당시 영국
사회에서는 농경지를 갈아엎고 목초지를 조성해 양을 키우는 '인클로저'
운동이 열병처럼 번지고 있었다. 국제적으로 양털 값이 크게 오르자 소작
인들로부터 얼마 되지도 않는 소작료를 받느니 차라리 양을 길러 떼돈을
벌자는 움직임이 상류 사회를 강타한 것이다.

결국 하루아침에 농경지에서 쫓겨난 농민들은 부랑자나 떼도둑으로
전락하고, 영국 왕실이 이들을 폭도로 규정하여 무자비하게 사형시켜 버
림으로써 민심은 흉흉해지기 시작했다. 그리고 보면, 500년 뒤의 한국 용

산에서도 유사한 비극은 되풀이
된다.*

　토머스 모어가 꿈꾼 '유토피
아' 건설은 그의 후계자인 이상
주의자와 혁명가들에 의해 지구
촌 곳곳에서 끊임없이 시도되어
왔다. 하지만 대부분의 경우 수
많은 희생만을 남긴 채 실패로
귀결되고 말았다. 한데 지구 상
에서, 그것도 인구 1억이 넘는
땅덩어리에서 토머스 모어의 '유
토피아' 정신을 가장 근접하게
구현하고 있는 국가가 있다면?

작가 미상, 연대 미상의 유토피아 그림. 토머스 모어에
따르면 소설 속의 '유토피아'는 말발굽 모양의 섬이었
다. 영국에 유토피아가 있었다면 동양에서는 세상 그
어디에도 없는 이상향으로 무릉도원이 있었다.

　중국보다 더 공산주의적이
고 러시아보다 더 사회주의적이라는 면에서 일본은 분명히 공산국가다.
비록 공산당이 집권한 적은 없지만, 공산당이 집권해도 외형상 별다른 변
화가 없을 것이라는 생각은 그래서 더더욱 힘을 받는다. 실제로, 2009년
총선에서 일본 공산당이 내걸었던 최대 공약 가운데 하나가 '의료비 무료
화'와 '아동 수당 2배 인상'이라는 '지극히 평범한' 슬로건이었다(참고로, 필

---

* 2009년 1월 20일 서울 용산구 한강로 2가에 있는 남일당 건물 옥상에서 점거농성을 벌이
  던 세입자와 전국철거민연합회 회원들, 경찰 및 용역 직원들 간의 충돌이 벌어지는 가운데
  화재가 발생해 다수가 사망한 사건이다. 당시의 화재로 철거민 5명과 경찰특공대원 1명이
  사망하고 23명이 중경상을 입었다.

일본 주택들은 규모와 모양이 비슷비슷하다. 사진은 도쿄 신주쿠 우시고메 야나기마치(牛込柳町) 역 부근의 어느 주택가. ◉

필자가 거주했던 15층 아파트의 주차장. 총 52세대가 살고 있는 아파트에는 사진과 같은 주차 기계가 앞뜰과 뒤뜰 합쳐 모두 4대 설치되어 있다. 주차 기계 한 대당 위·아래로 각각 3대씩 주차가 가능하다. ◉

자가 거주하고 있는 도쿄 신주쿠의 경우에는 중학생까지의 의료비가 무료다).

'경제적 동물'이라는 비아냥을 들으면서도 인간의 욕망을 상품화하는 데는 일가견이 있는 일본이 자본주의도 아닌 공산주의 국가라니? 이유는 바로 일본 국민들의 삶이 토머스 모어의 '유토피아'가 지향하는 삶과 맞닿아 있기 때문이다. 예를 들어, 열도에 사는 일본인들은 모든 면에서 놀라우리만큼 비슷한 삶을 영위하고 있다. 빈민촌과 '타워 팰리스'가 한 동네에 공존하며, 3.3m²(한 평)짜리 쪽방에서부터 330m²(100평)가 훌쩍 넘는 고급 빌라에 이르기까지 온갖 종류의 집들이 다양하게 들어선 한국과 달리, 도시·농촌을 막론하고 주택들의 크기가 놀라울 정도로 비슷한 곳이 바로 일본이다.

사정은 자동차의 경우에도 별반 다르지 않다. 한국에서는 우스갯소리로 "개나 소나 모두 몰고 다니는 게 자동차"라지만, 일본에서는 사람조차 쉬이 갖지 못하는 게 자동차다. 좁은 평지에 워낙 밀집되어 살다보니, 차를 소유할 경우에는 살인적인 주차료를 지불해야만 자신의 주차공간을 확보할 수 있는 까닭에서다. 필자가 살던 아파트만 하더라도 15층짜리 건물에 모두 52세대가 살고 있지만, 아파트에 주차 가능한 자동차 대수는 고작 12대. 한국에서라면 52세대를 위

자전거를 2층으로 주차할 수 있도록 좁은 공간을 활용한 어느 아파트의 앞쪽 공간. 자전거보다 자동차가 더 많은 한국에선 그저 신기하기만 한 풍경이 아닐 수 없다. ◉

일본 부모들을 육아, 보육 걱정으로부터 해방시켜주는 '지도칸(児童館)'의 전경. 필자가 거주했던 도쿄 신주쿠 다카다노바바의 지도칸으로 1주일에 두세 번은 저글링 배우기, 쿠키 만들기, 영화 보기 등과 같은 이벤트를 진행했다. ◉

—
(왼쪽)지도칸 안으로 들어가면 제일 먼저 방문객을 맞이하는 곳이 접수처이다. ☞

—
(오른쪽)상당히 긴 복도 양쪽으로는 아이들이 뛰어놀 수 있는 커다란 놀이방에서부터 아이들이 간식을 먹을 수 있는 식당과 공부방 등이 배치되어 있다. ☞

한 52대의 주차장을 마련해도 "차 댈 곳이 모자란다"고 난리가 날 판일 텐데. 사정이 이렇다 보니, 세금과 보험료, 휘발윳값 등은 고사하고서라도 주차료로만 월 30만~40만 원(도쿄의 경우)을 각오해야 차를 소유할 수 있다. 물론, 도쿄 인근 지역의 아파트도 금액의 차이는 있을망정, 월 20만 원은 줘야 자동차 주차 공간을 마련할 수 있다. 요컨대, 자기 땅에 집을 짓고 살지 않는 한 주차 요금에서 자유로울 수 없는 나라가 일본이라는 것이다.

　더욱이 비싼 주차료를 지불해가며 자동차를 갖는다손 치더라도 시내에 몰고 나가보면 차 댈 공간이 전무하다. 한국처럼 주차시설을 완비한 백화점과 대형 마트는 눈을 씻고 찾아봐도 없다는 말이다. 전철 역 인근의

접수처 책상 위 왼편에는 지도칸에 등록된 인근 소학교 어린이들의 이름표가 '50음도' 순으로 빼곡히 정리되어
있으며, 학교를 마친 어린이가 지도칸을 이용하게 될 경우에는 자신의 이름표를 뽑아 오른쪽에 있는 분홍색 플
라스틱 상자 안에 넣기만 하면 된다. 이후, 지도칸 담당 교사들은 수시로 분홍색 상자를 점검하여 해당 어린이
들의 간식은 물론, 숙제까지도 챙겨주게 된다. 어린이들이 귀가할 때는 분홍색 상자 안의 자기 이름표를 원래
자리에 꽂아넣으면 된다. ☻

유료 주차장을 이용하려 해도 시간당 1만 원은 예상해야 되는지라, 시내
에 살면서 자동차를 갖겠다고 마음먹는 것 자체가 '돈을 물 쓰듯 도로 위에
뿌리겠다'는 생각과 진배없다. 그래서 일본인들의 하루는 자전거와 전철
로 시작되고 자전거와 전철로 끝난다. 그러고 보니, 자전거와 전철이 일본
에선 자전'車'와 전'車'로 불리는 것도 의미심장하다.

　일본을 공산국가라고 생각하게 만드는 또 하나의 제도가 '지도칸児童館'
으로 대표되는 육아 시설이다. 소학교 인근에 반드시 한 개씩 설치되어 있
게 마련인 지도칸은 그야말로 저녁 6시까지 아이들을 무료로 맡길 수 있
는 곳이다. 더욱 놀라운 사실은 이러한 지도칸이 토요일은 물론, 공휴일과

지도칸의 한 달 일정을 미리 알려주는 스케줄 표. 정기 공휴일이 있었던 1월 1~3일만 휴관했으며 일요일도 계속 열고 있음을 알 수 있다. 한 달의 3분의 2 이상이 크리스마스 트리 장식, 과자 집 만들기, 인형극 상영 등 여러 가지 행사로 가득 차 있다.

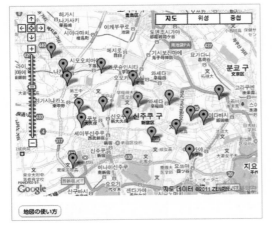

도쿄 신주쿠에서 개설하고 있는 지도칸들의 분포도. 신주쿠 지역만 해도 지도칸이 18개에 이르는 것을 확인할 수 있다(이미지 출처: 야후 재팬).

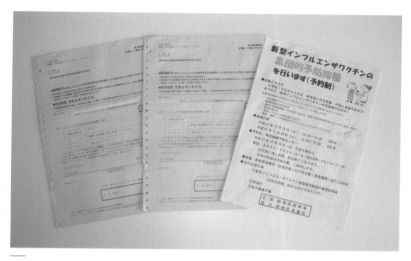

신형 조류인플루엔자의 무료 접종을 알리는 학교 통지문. 예약을 한 후 신주쿠 구청에 가서 무료 접종을 받으라는 내용이 상세히 적혀 있다. 파란 종이는 구청과 의사에게 제출해야 하는 무료 접종 대상자의 영수증. ◉

일요일까지 포함해 1주일 내내 문을 연다는 것. 소학교 아이들의 경우에는 학교 수업이 끝난 이후에도 지도칸에서 동네 친구들과 어울려 실컷 뛰어놀다 부모가 돌아올 시간에 귀가하는 것이 하루 일과다. 맞벌이 부부이기에 한국에서 아이들을 키울 때는 방과 후의 시간을 건사하는 것이 가장 큰 고민이었던 우리 가족에게 그런 면에서 일본은 분명 '유토피아'다.

대단히 잘 정비된 의료시스템 역시 일본을 '공산주의적 유토피아'로 인식시키는 제도 장치다. 한국의 의료 보험과 단순히 비교하는 데는 무리가 있지만, 필자가 일본에 거주하던 당시 일본의 암 연구센터에서 초음파 검사를 받았던 어느 지인知人은 "한국에선 할인을 받고서도 40만 원 가까이 지불했는데, 일본에선 똑같은 검사에 3만 원을 냈다"고 놀라워했다. 실제로 웬만한 초음파 검사나 CT 촬영은 3~4만 원 선에서 마무리되며, 치과 치

도쿄에서 1년만 거주하는 한국인임에도 필자의 소학교 1, 3학년 아이들 역시, 신형 조류인플루엔자의 무료 접종 대상자들이었다. 사진은 필자의 아이들이 신주쿠 구청 별관에서 접종 주사를 맞고 있는 모습. ☞

료는 거의 무료나 다름없는 곳이 열도다. 일본에 살던 한국 학부모들이 귀국 전 아이들의 치과 치료를 몽땅 마치고 들어간다는 구전口傳은 그렇게 비롯된 것이리라. 이 같은 의료 시스템 덕분에, 몇 해 전 신종 조류인플루엔자가 열도에서 기승을 부렸을 때 필자의 아이들은 무료로 예방 주사를 맞을 수 있었다. 비슷한 시기, 언론 보도를 통해 접한 한국에서는 검사비용과 진찰비 등으로만 최대 30만 원까지 부모들이 비용을 치러야 했다.

'인간 빈곤지수'라는 지표 역시, 공산주의 일본을 수치로 잘 나타내고 있다. 유엔개발계획UNDP이 이용하는 평가 수치로 해당 국가의 빈부격차를 가름하는 '인간 빈곤지수'에서 일본은 2002년, 200개국 가운데 9위를 차지한 바 있다. 하지만 1위부터 8위까지가 모두 독일, 덴마크, 핀란드, 노르웨이 등 유럽 국가들이고, 이들 가운데 인구가 1억을 넘는 국가는 단 하나도 없다는 사실을 감안해볼 때, 인구밀도가 가장 높은 극동아시아에서 일본이 이뤄낸 성과는 그저 놀라울 따름이다.

대부분 20평 안팎의 월세 집에 살며, '자전車'와 '전車'로 출퇴근하고, 육아 및 아동 의료비에서 별다른 부담을 지지 않다보니, 생활 수준과 하루 일상이 비슷해지는 것은 당연지사. 더욱이 생활보장대상자는 물론, 노인에 대한 복지도 부러울 정도로 잘 되어 있어 외양만 자본주의이지, 알맹이는 공산주의 국가가 일본이다. 이러한 일본을 잘 표현한 슬로건이 다름 아닌 '1억 총중류'. 1억 국민이 모두 중류층의 삶을 살 수 있도록 보장한다는 1970년대의 슬로건은 이후 일본과 일본인의 자긍심을 미쁘게 드러내는 대명사가 되었다.

1990년대 들어 '1억 총중류'의 신화를 무너뜨리며 국민들을 '가진 자'와 '못 가진 자', '승자'와 '패자'로 냉혹하게 갈라버린 고이즈미 전 총리의 신자유주의 정책은 공산주의 일본을 자본주의 일본으로 일거에 바꿔버린 폭거暴擧 중의 폭거였다. 이에 대해 일본 국민들은 2009년 총선을 통해 55년 만의 정권 교체를 이룩함으로써 신자유주의 반란을 진압시켰고. 그런 의미에서, 일본은 여전히 공산국가다.

한국에 '88만 원 세대'가 있다면

한국에 '88만 원 세대'가 있다면 일본엔 '하류 사회'가 있다. '하류 사회' 논란은 2005년 컬처스터디 연구소장인 미우라 아쓰시(三浦展)가 출간한 『하류 사회』라는 책에서 촉발되었다. 당시 미우라 아쓰시는 신분과 경제적 수준이 낮을 뿐만 아니라 일하고자 하는 의욕은 물론 생활 의욕과 소비 의욕마저 낮은 30대 초반의 남성군이 '하류 사회'를 이루고 있다고 밝혔다. 책은 출간된 지 3개월 만에 60만 부가 팔려나가는 돌풍을 일으켰다.

사실, '잃어버린 10년'으로 곧잘 비유되는 1980년대의 불황을 타개하기 위해 고이즈미 내각은 신자유주의 정책을 통해 '평생 고용'으로 유명한 일본의 노동 시장을 미국식으로 개편하며 직장인들을 남아 있는 '승자'와 실직된 '패자'로 양분화시켰다. 그럼에도, 아직껏 인구밀도가 세계 최고 수준인 동아시아에서 앞서 기술한 정도로까지 사회 복지를 구현한 예는 없다는 것이 필자의 B급 견해다. 2009년 연합 뉴스를 통해 보도된 기사는 일본이 여전히 '1억 총중류'의 공산주의적 방식을 고수하고 있음을 잘 보여주고 있다.

주요 선진국들 가운데 일본의 임금 하락이 두드러지고 있다고 ≪니혼게이자이(日本經濟)신문≫이 3일 보도했다. …… 이는 일본 기업은 인원 감축을 억제하는 대신 급여 및 상여 감축을 통해 경기 악화에 대응해 왔기 때문으로, 이로써 임금 삭감보다 인원 감축에 나서는 구미 기업과 일본 기업과의 경영 관행 차이가 선명하게 드러났다고 신문은 전했다(≪연합뉴스≫, 2009년 11월 3일).

16

주는
대로
드세요

필자: 센세이! 라멘야데 시루가 조토 시오카라이 도키와 난토 이이마스까? (선생
　　　님, 라멘집에서 국물이 좀 짤 때는 뭐라고 말합니까?)

일본어 선생: (심각한 표정으로 잠시 생각하더니……) 나니모 이마셍. 소노마마 라
　　　멘오 스베테 다베타리 노코싯타리 시테 데마스. (아무 말도 하지 않습니다. 그
　　　냥 다 먹거나 남기고 나옵니다.)

　　동네 음식점에서 주문한 라면 국물이 상당히 짰지만, 일본어가 짧았기
에 뭐라 할 수 없었던 필자. 일본어 수업 시간에 당시의 상황을 설명해가
며 선생에게 질문을 던졌다. 그러자 뜻밖의 답변이 돌아왔다. 어떤 요구도
하지 않는다는 것이었다. 선생은 이어 "하지만, 다시는 그 집에 가지 않습
니다. 그 집 음식이 내 입맛에 맞지 않으니까요"라고 덧붙였다. 당연히 "국
물이 좀 짠데요"라던가 "국물을 좀 싱겁게 만들어주시겠어요?"라는 일본

점심때 길을 걷다보면 사람들이 음식점 앞에 줄지어 늘어서 있는 광경을 종종 만나게 되는 곳이 일본이다. 사진은 도쿄 신주쿠의 다카다노바바 역 부근에서 맛집으로 소문난 어느 라면집 앞. 안에서부터 시작된 줄이 바깥에까지 이어져 있다(왼쪽). ☻

일본 전역의 맛집에 대한 정보를 담고 있는 '구루나비'란 이름의 웹 사이트(오른쪽). 참고로 '나비'란 '내비게이터'를 뜻하는 일본말로, '구루나비'는 '구루메'와 '내비게이터'를 합친 합성어이다.

식 표현을 기대했던 필자로선 당황할 수밖에 없었다. '그 집을 택한 자신의 잘못이라니. 그렇다면 손님은 왕이 아닌가?' 하지만, 스스로 불만을 묻는 과정에서 불현듯 깨달은 것이 있었다. 맛있지만 먹고 나면 헛헛하게 만들었던 일본 음식의 수수께끼가 풀리는 순간이었다.

　　주방장으로부터 음식을 공손히 받아먹기만 할 뿐, 자신이 요구한 대로, 또는 자신이 의도한 대로 먹을 수 없는 음식, 바로 일식日食이었다. 이후 계속된 대화를 통해 필자의 일본어 선생은 "그래서 자기의 입맛에 맞는 음식점을 찾아가는 것도 일본인들이요, 그 음식점 앞에 줄을 서는 것도 일본인들"이라고 했다. 그러고 보니 일본에 오기 몇 해 전, 필자가 한국에서 사귄 일본인 친구 역시, "'음식이 맛없다'는 것을 일본어로 뭐라 하느냐?"는

'일본 음식은 눈으로 먹는다'. 사진은 일본인들이 즐겨 먹는 '지라시 스시'란 이름의 음식으로 우리말로 치자면 '회덮밥'에 해당하는 것이다. 한국에서의 회덮밥은 참치와 야채를 한꺼번에 얹어놓은 밥 위에 초고추장을 뿌린 것을 의미하지만, 일본에서는 미술을 하듯 색감까지 고려해서 내놓는 예술품이 '지라시 스시'다. 밥 위에 연어 알과 함께 김을 가늘게 채 썰어서 얹어놓은 정성이 눈물겨울 정도다. ◉

질문에 "(내) 입에 맞지 않네요"라는 답을 들려준 적이 있다. 당시에는 "맛 없다"는 표현을 익히려는 심산이었기에, '일본인들은 정말 공손하고 예의 바르게 대답하는구나'라고만 생각했던 기억이 난다.

　일본인들이 수동적이고 순종적이라는 것은 익히 알고 있는 사실이지 만, 이번에는 그 연장선상에서 열도인들을 더욱 잘 이해할 수 있는 음식 이야기로 주제를 이어가고자 한다. 인간의 생활양식을 결정짓는 의衣, 식 食, 주住 중에서도 한가운데에 자리할 만큼 중요한 까닭에서다.

　정치력과 경제력 및 군사력을 기준으로 볼 때 G7이 세계정세를 좌지

일본 음식에서 '시각'이 차지하는 비중을 어떻게 말로 표현할 수 있을까? 사진은 필자가 주문했던 어느 고급 요리에서 코스 도중에 나온 음식들로 용기부터 범상치 않다. ◉

음식 용기의 뚜껑을 연 모습으로 역시 예술품에 버금가는 요리들이 들어 있었다. ◉

우지한다지만 음식만을 놓고 볼 땐 중국, 프랑스와 함께 G3를 형성하는 국가가 일본이다. 실제로 일본은 생선회와 초밥의 천국인 동시에 라멘과 우동, 오뎅과 덴푸라로 풍성한 먹을거리를 제공하는 '구루메ᵍ ⁿ ᵐ ᵉ' 왕국이다. '구루메'란 프랑스 어원인 'Gourmet'의 일본식 발음으로 '미식가' 또는 '식도락'을 일컫는 단어. 해서, 이탈리아보다 더 맛있는 스파게티를 선보이며 프랑스보다 더 부드러운 프렌치 케이크를 만들고, 인도보다 더 맛있는 카레를 개발하는 나라 또한 일본이다. 더욱 중요한 사실은 일본 요리가 맛과 함께 시각적인 즐거움을 선사하는 데 있어서도 최고를 추구한다는 것. "일본 음식은 입으로 먹지 않고 눈으로 먹는다"라는 말은 그래서 더더욱 의미심장하게 와 닿는다.

아이러니한 사실은 미각과 더불어 시각적인 면에서도 완벽을 추구하는 일본 음식의 강점이 기실은 가장 큰 약점으로 작용한다는 것이다. 보는 이로 하여금 감탄을 자아내게 할 만큼 화려한 장식과 아기자기한 디스플레이가 음식을 음식으로 대하도록 유도하기보다 예술로 대접하도록 어름어름 강제하는 까닭에서다. 작품을 완성하듯 내놓은 일본 음식 앞에 "찬사는 있을지언정 아쉬움은 있을 수 없다"는 점에서, 마치 특급 미술관이 개최 중인 최고 수준의 전시회를 보는 느낌이라고나 할까? 시민들에게 최상의 미술품을 선보일망정 가까이로의 접근은 불허하며 소통을 지양하기에, 모두가 스스럼없이 다가설 수 있는 생활 속의 미술과는 다소 거리가 있다는 시각에서다.

고객을 수동적으로 위치 짓는 것이 비단 음식을 대하는 순간에만 국한된 것은 아니다. 예를 들어, 일본 음식점에서는 용기에서부터 반찬은 물론 양념에 이르기까지 모든 것을 손님의 눈앞에 완벽하게 구비해놓는 것이

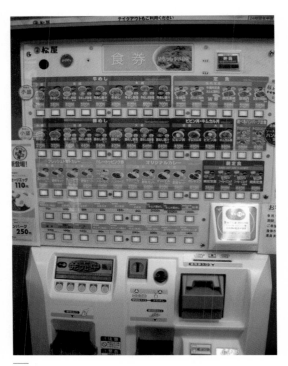

식권자판기가 없는 일본 음식점은 잘 상상이 되지 않는다. 사진은 일본의 대표적인 덮밥 체인점, '마쓰야(松屋)'의 식권자판기. 수십 가지의 메뉴가 온 갖 조합 속에 색깔별로 구분되어 있다. ◉

일반적이다. 더불어 많은 경우, 음식점 입구에 자판기를 갖춰놓고 있어 손님은 해당 음식의 식권을 산 후 주방에 건네기만 하면 되도록 동선動線을 꾸며놓고 있다. 음식점 앞 진열대에 음식 모형을 생생하게 설치해놓는 것도 같은 맥락으로 이해될 수 있다. 손님의 입장에서 보자면 진열대나 자판기 앞에서 자신이 원하는 음식을 고른 후, 주방에 해당 식권을 건네거나 음식 번호만 이야기하고 젓가락, 양념, 물컵, 냅킨이 완비된 자리

에 앉아 자신의 음식을 기다리기만 하면 된다. 잠시 후 주문한 음식이 나오면 말없이 접시를 비운 후, 자리를 뜨는 것으로 식사는 끝나고. 물론, 음식이 자신의 취향에 맞지 않는다면 음식을 남긴 채 조용히 자리를 뜨겠지만. 이 때문에 상세한 정보 제공과 완벽한 테이블 세팅이 오히려 손님과 주방 간의 커뮤니케이션을 방해한다는 것이 필자의 B급 견해다.

한가지 더. 일본 음식점은 많은 경우 술집의 칵테일바처럼 만들어져

음식점에 자리를 잡고 앉아 주방에 식권을 건네고 나서는 물이나 냅킨, 조미료 주문 등을 할 필요가 없다. 대부분의 일본 음식점에는 사진에서 보는 바와 같이 구획별로 손님이 필요한 모든 것을 갖춰놓고 있어, 말 한마디 없이 음식을 주문하고 먹는 일이 가능하다. ◉

있어 요리사들은 안쪽에서 음식을 만들고 손님들은 바의 바깥쪽에 나란히 앉도록 설계되어 있다. 이 같은 구조는 결코 식사를 어울려서 하지 않고 혼자서만 해결하는 일본인 특유의 개인적인 습성도 고려한 것으로, 4인용 사각형 탁자가 촘촘히 설치되어 있는 한국 음식점과는 큰 차이를 보이고 있다. 그 때문에 주방장이 자신의 주변에 둘러앉아 있는 손님들에게 음식을 건네주는 광경은, 마치 양계장 주인이 닭들에게 모이를 주는 형국을 떠올리게 한다. 물론, 손님들은 모두 주방을 향해 고개 숙인 채 말없이 밥그릇을 비울 뿐이다.

　가뜩이나 수동적인 일본 음식을 더욱 수동적으로 만드는 것은 밥 한 공기, 단무지 한 그릇 추가하려 해도 일정액의 돈을 더 내야 한다는 것이

일본 음식점 내부는 대부분 유사하게 이뤄져 있다. 술집의 칵테일바처럼 길게 형성된 테이블에 손님들이 앉고 주방장은 그 앞에서 음식을 만들어 바로 제공하는 구조. 결국, 손님들은 주방을 보면서 음식을 먹게 되는 셈이다. 사진은 일본의 대표적인 덮밥 전문점 '마쓰야'의 내부 모습. ◉

다. 사정이 이럴진대, 한국에서처럼 국물을 덜 짜게 해달라거나 면발을 꼬들꼬들하게 해달라는 따위의 '개성적인 주문'은 열도에서는 상상조차 못할 일이다. 물론, 손님에게 면발의 굵기를 선택하도록 묻는 음식점도 가끔가다 있기는 하다. 하지만 이러한 음식점도 그다지 흔치는 않은 것이 사실이고 보면, 자신의 입맛에 맞는 음식점을 찾아 구루메 여행을 나설 수밖에 없는 이유가 짜장 이해된다.

　그래서일까? 눈앞에서 자신이 직접 굽고, 볶으며, 비비고 말아 먹는 한국 음식은 뭐든지 직접 해야 직성이 풀리는 한국인의 특성을 고스란히 담고 있다는 생각이다. 고기를 굽더라도 자기의 입맛에 맞게 굽는 것은 물론, 마늘과 김치, 버섯을 놓고 자기 취향대로 먹다가 종국에는 밥까지 볶아서 먹어치우는 한국 문화는 그런 의미에서 일본 음식의 대척점對蹠點을 지향하는 음식이고. 게다가 주변과 끊임없이 이야기를 나누는 가운데 먹는 이가 계속해서 자신의 취향을 주방에 전달하는 한국 요리는 시쳇말로

칵테일바처럼 길게 형성된 일(一) 자 테이블과 함께 가장 보편적인 좌석 구조가 바로 말발굽 모양의 알파벳 U 자 또는 O자 형태다. 일본인들은 혼자 식사를 하는 경우가 대부분이기 때문에 2인용 또는 4인용 좌석을 갖춘 음식점은 패밀리 레스토랑 또는 한식, 중식, 인도식 등 외국 음식점인 경우가 많다. ◉

하자면 DIY Do It Yourself의 결정판이라 할 수 있다. 단언컨대 여럿이 어울려 즐겁게 대화하는 가운데 자신의 입맛대로 요리를 완성시키는 한국 음식이 일본 음식보다 딱 2% 더 맛있다.

17

바벨탑을
쌓는
사람들

1913년. 이라크의 바빌론을 발굴하던 독일인 고고학자 로베르트 콜데바이Robert Koldewey가 거대한 탑의 흔적이 남아 있는 곳에서 문자 점토판을 발견한다. 온갖 우여곡절 끝에 점토판을 해석한 결과, 주변의 유적은 7층 높이의 탑으로 가로·세로·높이가 약 90m에 달했으며 맨 꼭대기에는 사당이 설치되어 있었던 것으로 밝혀졌다. 성서와 신화 속의 건축물로만 여겨 왔던 바벨탑이 마침내 세상에 그 실체를 드러내는 순간이었다.

인간이 하늘에 닿기 위해 쌓아 올렸다는 바벨탑은 수천 년 동안 인간의 오만과 파멸을 동시에 상징하는 건축물로 회자되어왔다. 먼저, 신의 영역인 하늘에 도달하겠다는 시도 자체가 인간의 불손한 의지를 드러냈다면, 신의 노여움으로 인해 흔적조차 찾을 수 없을 정도로 탑이 파괴되었다는 전설은 곧, 자신의 분수를 뛰어넘으려 했던 인간의 종말을 잘 보여주었다. 그런 연유로 바벨탑은 신에 대한 인간의 도전과 그에 따른 비극적 운명을 형상화할 때마다 대표적으로 언급되는 이야기 소재였다.

네덜란드 화가 피터 브뤼헐(Pieter Brueghel)이 1563년에 그린 〈바벨탑〉. 현재 빈 미술사 박물관에 소장되어 있으며 현존하는 바벨탑 상상도 가운데 가장 유명하다. 절반도 완성되지 않았는데 이미 상층부가 구름을 뚫은 바벨탑의 높이가 인상적이다.

지금으로부터 약 2,500년 전에 바빌론에 바벨탑을 쌓고자 했던 메소포타미아 인들이 있었다면, 21세기의 지구에는 자신들의 운명에 맞서 싸우려는 일본인들이 있다. 유라시아 판, 북아메리카 판, 태평양 판, 필리핀 판 등 4개의 지각판이 만나는 최악의 지진대에서 오늘도 하늘을 향해 거대한 탑을 쌓아 올리고 있는 이들이 바로 열도인인 까닭에서다. 실제로, 도쿄나 오사카 등 대도시를 둘러보면 '이곳이 정말 지진의 나라가 맞나?' 싶을 정도로 높은 마천루들이 곳곳에서 하늘을 찌르고 있다. 이들 고층 빌딩은 또한 외벽을 전부 유리로 치장하는 경우가 많아 '혹시 대규모 지진이라도 일어나면 어쩌려고' 하는 걱정을 자연스레 유발시킨다. 그런 기우(?)에도 아

지진의 나라가 맞는가 싶을 정도로 우후죽순처럼 들어선 도쿄 신주쿠 지역의 고층 빌딩군. 배경으로 보이는 산은 후지 산이다(사진 출처: 위키피디아 커먼스).

랑곳하지 않고 하늘 높이 유리탑을 쌓아 올리는 일본인들을 보노라면, 지진 따위에 무릎 꿇지 않겠다는 불굴의 의지와 함께, 구더기 무서워 장 못 담그느니 차라리 짓고 싶은 건물을 마음껏 올리자는 자포자기의 심정마저 느껴진다.

신도쿄 타워인 도쿄 스카이트리는 그런 일본인들이 자신들의 비극적인 숙명을 극복해 보이려는 마음을 은연중에 드러내는 건축물이다. 이미 세계적인 마천루들이 도쿄 중심가에 즐비하게 자리 잡고 있음에도, 도쿄 아사쿠사 인근에 들어서는 도쿄 스카이트리는 그 높이가 무려 600m에 이르는 세계 최고最高 수준의 강철탑이다. 현재, 도쿄 스카이트리는 2012년

(왼쪽)21세기의 바벨탑 신화는 일본인들에 의해 열도에서 재현되고 있다. 사진은 2010년 5월 29일 398m를 돌파한 도쿄 스카이트리의 모습. 2012년쯤 완공될 것으로 예상되는 도쿄 스카이트리는 자연에 맞서 절대 굴하지 않겠다는 일본인들의 도전 정신을 고스란히 담고 있다(사진 출처: 야후 재팬).

(오른쪽)환태평양 지진대에 속하는 미국 캘리포니아에서 가장 높은 US 뱅크 타워. 높이가 310m에 달하지만 도쿄 스카이트리의 절반에도 미치지 못한다(사진 출처: 위키피디아 커먼스).

일본 최대의 불상을 모시고 있는 세계 최고(最高)의 목조 건물, 도다이지. 8세기 초인 나라 시대에 건립되었으며 이후 개·보수를 거쳐 일본 특유의 남성적인 미관을 지니게 되었다. 거대한 지붕과 함께 일(一) 자 형태로 뻗은 지붕선의 격식이 마치 투구 쓴 사무라이를 연상시킨다. ◉

완공을 목표로 꾸준히 건설 중이며, 이미 도쿄 최고最高 건물인 도쿄타워 (338m)를 훌쩍 넘은 상태다. 완성될 경우에는 높이 634m로 삼성이 두바이에 지은 부르즈 할리파(828 m)를 제외하면 필적할 상대가 거의 없는 건축물로 등극하게 된다. 하지만 사상누각沙上樓閣이라는 말처럼 최악의 지진대에서 탄생한다는 점을 감안한다면, 세계 최고最高의 건물이라 명명해도 그 칭호가 전혀 아깝지 않다. 환태평양 지진대에 자리 잡은 미국 캘리포니아의 경우, 가장 높은 빌딩인 U.S. 뱅크 타워(310m)는 도쿄 스카이트리의 절반에 불과하다.

사실, 일본인들이 열악한 자연환경에 굴하지 않고 거대한 건축물을 지음으로써 끝없이 신의 영역에 도전해온 것은 비단 어제오늘의 일이 아니다. 예를 들어 나라의 도다이지東大寺는 현존하는 세계 최대의 목조건물(높이 47.5m)이며, 교토의 거대 사찰인 히가시혼간지와 니시혼간지西本願寺 역시 그 규모가 도다이지 못지않다. 마찬가지로 오사카의 도요토미 히데요시 성을 비롯해 열도 곳곳에 남아 있는 성곽들도 세계 곳곳에서 좀처럼 찾아볼 수 없는 거대한 규모를 자랑하고 있다. 그런 의미에서 세계 최대 규모를 자랑하는 열도의 건축물들이 사무라이의 나라답게 대단히 남성적이라는 것은 지극히 당연하다 볼 수 있다. 이러한 남성미는 특히 지붕과 서까래 및 처마선을 통해 여과 없이 전달되고 있다. 일례로 일본의 전통 건축물에 드러나는 지붕은 일단 규모 면에서 보는 이들을 압도하게 마련이다. 예상을 뛰어넘는 높이에서부터 시작해 처마선 길이는 물론, 지붕 면적에 이르기까지 하나하나 뜯어 보노라면 그 웅장함에 질려 버리기 십상이다. 이에 반해, 한국의 전통적인 건축물들은 가볍고 날씬하다 못해 여리고 가냘파 보이기까지 한다.

　양국 간의 전통 건축물을 특징짓는 또 하나의 척도는 바로 서까래로 대변되는 속살 문화다. 멀리서 볼 때는 전혀 보이지 않지만, 건물 안으로 진입하기 시작하면 머리 위에서 펼쳐지는 서까래는 한·일 양국 간의 문화 차이를 극명하게 보여주는 대표적인 상징물이다. 일본의 서까래는 백이면 백 어떠한 도드라짐도 배격한 채 반복적으로 전개되고 있어, 마치 사무라이의 절제된 기개를 보는 듯한 착각을 불러일으킨다. 반면 한국의 서까래는 머리 위에서 화려하게 전개되는 외양이 올려다보면 올려다볼수록 감탄을 자아낼 만큼 역동적이다. 그런 한국의 서까래는 또, 건물의 얼굴에

건물이 높을 뿐만 아니라 외벽마저 전부 유리로 도배한 것도 지진을 우려하는 사람들에게는 아찔하게만 보인다. '구더기 무서워 장 못 담그랴'라는 우리 속담처럼 언제 어디서 일어날지 모르는 지진이 무서워 아무것도 못하느니 '차라리 하고 싶은 것을 다 해보자'는 심정에서일까? 사진은 각 지역의 명물인 신주쿠의 코쿤타워(왼쪽), 롯폰기의 미드타운(오른쪽)이다. ☻

해당하는 지붕을 가장 한국적인 모양새로 자리매김하는 역할도 톡톡히 수행하고 있다. 입술에 견줄 수 있는 지붕선을 끝만 사뿐히 들어 올림으로써 우리 민족의 부드러운 미소를 오롯이 재현하고 있다는 의미에서다. 말하자면, 한일자 형태로 형성되는 일본의 지붕선이 굳게 다문 입술처럼 자연에 절대 지지 않겠다는 의지를 드러내고 있다면, 한국의 건물들은 살가운 웃음으로 보는 이를 흥겹게 맞이하는 심경을 담고 있다고나 할까? 덧붙여 일본 건축물들은 지붕을 비롯해 처마와 대들보, 기둥 등을 직선과 예각으로 무장했다는 점에서 디지털 문화를 닮았고, 한국의 건축물들은 곡선과 둔각을 에두르고 있다는 면에서 아날로그 문화를 대변한다는 생각이

유라쿠초(有楽町)의 도쿄국제포럼(위)은 건물 내부(아래)마저 기둥 하나
없이 텅 비어 있는 유리성이다. ◉

일본 교토에 있는 니조(二條) 성의 중심 건물인 니노마루(위). 1603년 도쿠가와 이에야스가 건립한 이후, 도쿄에서 교토로 행차한 도쿠가와 이에야스와 그의 후계자들이 묵었던 성이다. 아래에 있는 경복궁 근정전과는 처마선에서부터 처마 장식 및 서까래 채색 등에 이르기까지 분위기가 확연히 다르다. ☻

다. 실제로 모든 곳의 각이 정확하게 들어맞고, 모서리가 시퍼렇게 살아 있는 일본 건축물들은 마치 컴퓨터로 설계해서 그대로 지은 듯 기하학적인 모습을 구현하고 있다. 반대로 한국 건축물들은 가공되지 않는 채 곳곳에서 흘러나오는 곡선적인 양상이 어우러져 아기자기한 맛을 선사하고 있다.

안타까운 사실은 이러한 한국 고유의 특징을 망각한 채, 최근의 건축물들이 마치 일본처럼 높고 거대하며 날카로운 디지털 코드로 치닫고 있다는 것이다. 한데, 양국을 둘러싼 작금의 현실마저 디지털 첨단을 달리며 미래에 '올인'하려는 한국과 아날로그 형식에 집착하며 오히려 과거로 회귀하려는 일본으로 바뀌었으니 참으로 알다가도 모를 게 세상 일이다.

동아시아 문명의 정수인 한자는 지난 5,000년 동안 한·중·일 3국의 공용어였다. 인종과 국가, 언어와 문화가 달라도 필담만을 통해, 서로 간의 의사소통이 가능했던 시대 상황에는 이 같은 배경이 자리하고 있었다. 일례로, 일본어 한마디 못하는 조선의 통신사들은 일본을 방문하는 동안, 일본 유학자들과 글을 주고받으며 아무런 지장 없이 의견을 교환할 수 있었다.

じん

人

미래
—
사람

18

한자
이야기

비한자 세대

"사전을 통해 뜻과 음을 찾아보려 해도 부수조차 모르니 찾을 수가 없어요."

"우리나라의 한자사전에 없는 단어도 왜 그리 많은지, 누구에게 묻기 전에는 알 수가 없어요."

"쓰는 것은 포기하고 회화로만 버텨요."

"누가 일본 한자 해석이라도 해달라고 하면 바로 도망쳐요."

한자 세대

"아는 한자이지만 훈독訓讀에서부터 음독音讀에 이르기까지 한자를 읽는 방법이 너무 다양해 어떻게 읽어야 할지 모르겠어요."

"제발 읽는 방법만이라도 한자 옆에 조그맣게 병기倂記해주면 좋을 텐데. 그런 것도 없으면 그냥 우리 음으로 읽어버려요."

"한자로 된 사람 이름, 지명은 어떻게 읽는지 짐작조차 가지 않아요."

(왼쪽)한자를 모르는 이들에게 영어라도 제공되지 않으면 눈뜬장님이 되는 곳이 일본이다. 사진은 지하철 긴자(銀座) 선으로 연결되는 도쿄 아사쿠사(浅草) 지하상가를 알리는 간판. ◉

(오른쪽)지하철역 안에 들어서면 가장 먼저 맞이하게 되는 정보가 첫차와 막차 시간표. 역시 관련 정보가 모두 한자로 제공되고 있다. ◉

2006년, 미 국무부가 전 세계에 파견 근무 중인 외국어 보직자 2,832명을 대상으로 69개에 달하는 외국어를 분류한 적이 있다. 난이도에 따라 '기타 언어'를 포함해 가장 쉬운 '세계어'에서부터 '고난도 언어'를 거쳐 '초고난도 언어'에 이르기까지 4단계로 구분한 것이다. 한데, 미 국무부의 분류 기준에서 '초고난도 언어'로 꼽힌 4가지 언어가 있었으니, 바로 '한국어'와 '중국어', '아랍어'와 '일본어'였다. 그리고 보니, 모두 동양어인 데다 3가지는 극동어이니, 결국 세계에서 가장 어려운 언어권은 한·중·일 삼국이 형성하고 있는 셈이다.

중국이 음의 높낮이와 끝도 없는 한자로, 한국은 기하학적 모양의 한

글과 띄어쓰기로 외국인들을 골탕 먹인다면, 일본은 단연코 한자의 음독音讀과 훈독訓讀으로 세계인들을 좌절시키고 있다. 그럼, 한일 양국 간은 서로의 언어 가운데 어느 쪽을 더 어려워할까? 한국인들에게 있어 일본어가 생각보다 어려운 것이 사실이듯, 일본인들에게도 한글은 무척이나 어려운 초고난도 언어다.

이에 관한 필자의 에피소드 한 가지. 도쿄 체류 당시 일본어 수업을 듣던 어느 날, 한자 읽기로 고전을 하다 문득 호기심이 발동해 일본어 선생에게 물어 보았다. "저는 일본어 배우기가 상당히 어려운데, 혹시 한글을 배우신 적이 있나요?" "있습니다만, 어려워서 포기했어요." '어라?' 한글이 어렵다는 의외의 반응에 깜짝 놀란 필자. "아니, 한글이 어려울 게 있나요?" "물론입니다. 한자가 하나도 없으니 읽는 것은 금방이지만 의미를 전혀 이해할 수가 없으니까요. 결국, 한자 없는 단어들을 그대로 다 외워야 하니 어려울 수밖에요."

순간, 무엇인가로 머리를 얻어맞은 듯 멍해진 가운데 어느 때부터인가 교과서와 신문, 교통 표지판과 지하철 등 주변에서 시나브로 사라져버린 한자들이 떠올랐다. 사실이 그랬다. 일본인들에게 있어 한자 없는 한글은 의미를 상실한 표음表音 문자에 불과했다. 마치 영어의 ABC처럼 완전히 다른 언어권의 글자였기에, 이웃에 위치해 있지만 어떤 도움도 받을 수 없는 문자가 '한글'이었던 것이다. 동시에 일본어를 몰라 고생했지만, 길거리와 지하철, 학교와 관공서에 표기된 한자를 통해 의미를 이해하고 목적지를 찾아가며 일 처리를 진행했던 도쿄 정착 초기의 경험이 생각났다.

모로하시 데쓰지諸橋轍次라는 일본인 학자가 있다. 지금은 타계했지만, 일본에선 전설적인 인물로 추앙받는 대학자다. 그런 그가 학명學名을 떨친

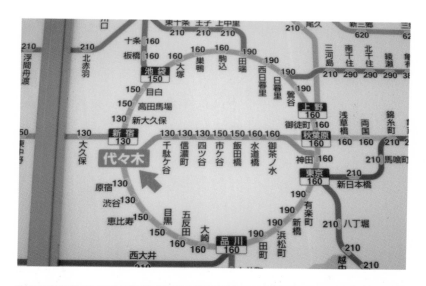

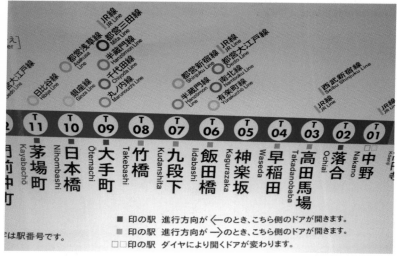

―――

(위)지하철을 타기 위해 노선도를 살펴보아도 대부분 영어가 병기되어 있지 않은 한자어로 관련 정보를 제공하고 있다. 각 역 옆에 쓰인 숫자는 본역인 요요기(代々木)에서 치러야 할 운임. ☻

―――

(아래)지하철 전동차 안에서도 내릴 역명을 문 위에 설치된 한자 및 영어 노선도를 통해 확인할 수 있다. ☻

1960년, 78세가 된 모로하시 데쓰지는 그해 『대한화사전』을 펴낸 공적을 인정받아 타이완 정부로부터 학술
장(學術獎) 훈장을 받았다. 사진이 바로 그가 33년에 걸쳐 완성한 총 13권(4만 8,000여 자, 39만 단어)의 『대한
화사전』. ⓔ

계기가 바로 『대한화사전大漢和辭典』의 편찬이었다. 1928년부터 1960년까지
장장 33년간에 걸쳐 4만 9,000여 개의 한자어를 총정리한 모로하시 데쓰
지의 『대한화사전』(13권)은 출간 당시 세계 최초이자 최고 수준의 한자 사
전이었다. 동아시아 삼국 가운데 어느 나라에서도 감히 시도하지 못했던
희대의 업적. 모로하시 데쓰지의 『대한화사전』이 중화권을 발칵 뒤집어
놓았음은 물론이다. 결국, 자존심에 큰 상처를 입은 중화권 한학자들은 한
자어 사전 제작에 박차를 가하며 25년이 지난 뒤 타이완이 먼저 5만 단어
로 구성된 7권짜리 『중문대사전中文大辭典』을 내놓기에 이른다. 중국 역시

일본 소학교에서는 1학년 때 80여 개의 한자를 배우는 것을 시작으로 소학교 6년 동안 1,000여 자의 한자를 익히게 된다. 사진은 일본 소학교 3학년 국어 교과서의 표지 사진 및 5학년 국어 교과서의 한자 요약 페이지. ◉

이에 질세라 타이완이 사전을 편찬한 지 9년 뒤, 5만 6,000자로 이뤄진 13권짜리 『한어대사전漢語大辭典』을 발간한다. 한국은 2008년에 한자 사전 발간을 둘러싼 대경주의 마지막을 장식한 상태. 무려 38년간에 걸쳐 단국대 동양학 연구소가 6만여 개의 한자와 50만여 개의 한자 어휘를 수록한 『한한대사전漢韓大辭典』을 발간한 것이다. 더불어, 가장 풍부하고 가장 정교한 한자 사전을 세계 최초로 디지털화하는 작업에도 박차를 가하고 있다.

각설하고, 모로하시 데쓰지의 한자사전 편찬 위업은 일본이 얼마나 뿌리 깊은 한자 국가인지를 상징적으로 잘 보여준 사건이었다. 일본 문자의 두 축을 이루는 히라가나ひらがな와 가타카나カタカナ 모두 한자어에서 비롯된 글자라는 것은 주지의 사실이다. 히라가나의 경우, 편안할 '안安'자에서 'あ아'가 탄생했으며, 써 '이以'자에서 'い이'가 나왔고, 집 '우宇'자에서 'う우'가 만

들어진 식으로 말이다. 그런 일본이기에 한자를 제대로 읽지 못했던 아소

麻生 전 총리를 일본인들은 무척이나 수치스럽게 생각했다.

안타까운 사실은 후발 주자임에도 현재는 가장 앞서 나가고 있는 한국의 사전적 위상과 달리, 실생활에서의 한자 사용은 동아시아 삼국 가운데 꼴찌에 머무르고 있다는 것이다. 중국은 모국어니까 그렇다 치더라도, 일본의 경우는 2,136개 상용한자를 소학교, 중학교, 고등학교 교과 과정에 집어넣음으로써 기본적인 한자를 전 국민에게 가르치고 있는 까닭에서다. 반면, 한국의 경우는 한자 교육이 교과 과정에서 아예 사라졌다가 선택과목으로 재등장하는 등 영욕榮辱과 부침浮沈 속에 표류하고 있는 실정이다. 초등학교에서는 학교장의 재량으로 채택되고 있는 한자 교육은, 현재 중·고등학교에선 선택 과목으로 그 명맥을 이어가고 있다.

돌이켜보면, 동아시아 문명의 정수精髓인 한자는 지난 5,000년 동안 한·중·일 3국의 공용어였다. 하지만 관용적인 의미에서의 한·중·일 삼국이지 실제로는 몽골과 거란에서부터 여진과 돌궐에 이르기까지 아시아의 상당부분을 아우르는 국제어가 한자였다. 당시의 중화권이 세계의 전부로 인식되었다는 점을 감안하면, 결국 한자어는 진정한 의미의 세계어였던 셈이다. 인종과 국가, 언어와 문화가 달라도 필담筆談만을 통해 서로 간의 의사소통이 가능했던 시대 상황에는 이 같은 배경이 자리하고 있었다. 일례로, 일본어 한마디 못하는 조선의 통신사들은 일본을 방문하는 동안, 일본 유학자들과 글을 주고받으며 아무런 지장 없이 의견을 교환할 수 있었다. 일본어를 배우지 않고서는 일본인과의 대화가 불가능한 지금으로 볼 때, 좀처럼 믿기지 않는 일은 1,000년 이상 지속되었다. 한족을 포함해 어떤 이민족이 중국의 왕조로 들어서도 한국의 사신과 유학자, 선비와 양반 들

베트남 하노이에 있는 공자 문묘의 입구. 공자 문묘는 베트남 최초의 대학으로 공자의 위패를 모시기 위해 1070년에 세워졌으며, 이후 700여 년간 수많은 유학자를 양성해냈다(사진 출처: Andres Alexander, 위키피디아 커먼스).

은 중국의 앞선 문명과 문물을 무리 없이 수용할 수 있었다. 해서, 한민족 최고의 발명품인 한글 역시, 당대 최고의 언어학자로 요동에 귀양 와 있던 명나라의 한림학사 황찬黃瓚에게 세종 대왕이 성삼문, 신숙주 등을 13차례 나 보내면서 탄생시킨 결과물이었다.

　재미있는 사실은 한자 문화권이 동아시아 지역에만 국한된 것이 아니 었다는 점. 당시 조선에는 월남越南으로 알려진 동남아시아의 베트남도 중 국 베이징에서 우리 선비들을 만나면 한자로 대화를 나눴다. 한국과 마찬 가지로 유교가 국가 철학이었던 베트남에서 관리들은 반드시 한학漢學을 배워야 했다. 동일한 과거제도, 유사한 유학 기관, 똑같은 공자 문묘文廟는

■ 오직 간체자만 사용하거나 대부분이 간체자를 사용(중국)
■ 자국의 문자체계와 병행하여 씀(한국, 일본, 북한)
■ 과거에는 한자가 공식적으로 사용되었으나 지금은 거의 사용되지 않음(베트남, 몽골)
■ 오직 정체자만 사용하거나 대부분이 정체자를 사용(타이완, 홍콩, 마카오)
■ 오직 간체자를 공식적으로 사용하지만 정체자가 널리 쓰임(싱가포르, 말레이시아)

역사적으로 한자 문화권에 포함되었던 지역을 나타낸 세계 지도. 화교들이 상권을 장악한 말레이시아(보르네오 섬 북부 포함)와 몽골 지역까지 한자 문화권의 색깔이 입혀져 있다. 현재 몽골에서는 공산화 이후 한자가 사문화된 상태다.

사실상, 베트남마저 한·중·일의 한자 문화권으로 끌어들인 원동력이었다. 그랬던 베트남이 공산화된 이후, 한자와 유교를 배척하기 시작하면서 한· 중·일의 한자 문화권으로부터 완전히 멀어지며 몰락의 길을 걷게 된다.

사정이 이럴진대, 작금昨今의 '한자 불용론不用論'과 '한문 퇴출론退出論'은 장구한 동아시아의 역사를 놓고 볼 때 매우 편협한 조치라 할 수 있다. 무 수한 난관이 놓여 있긴 하지만 공용 한자어를 제정하기 위해 분주히 움직 이고 있는 한·중·일 삼국의 노력도 그 같은 예단豫斷을 경계하고 있다.

네덜란드와 스위스, 벨기에와 덴마크 같은 소국들이 외국어 교육에 남 달리 천착하는 것처럼 한국 역시 이제는 한자 교육에 정진해야 한다는 생 각이다. 그래서 그런지 최근, 정부에 앞서 기업과 사교육을 중심으로 부활 하고 있는 한자 급수 시험이 마냥 반갑지만은 않은 것이 사실이다.

한자 대 라틴어

　　동아시아에 한자가 있다면 서양엔 라틴어가 있다. '천년 제국' 로마가 유럽 문명사에 끼친 영향력은 어마어마해서 동로마 제국이 멸망한 1453년으로부터 무려 5세기가 지날 때까지도 로마의 언어였던 라틴어는 유럽과 미국에서 보편적으로 교육되어왔다. 이러한 전통은 지금까지 이어져 명문 사립 중·고등학교는 물론, 명문 사립 대학에서도 라틴어 교육을 실시하고 있는 실정이다. 현재 미국의 아이비리그에서는 졸업식 축사에 라틴어로 연설하는 것이 전통으로 정착되어 있으며, 독일에선 라틴어가 제2 외국어로 채택되고 있다.

　　사실, 라틴어는 영어 단어를 암기하는 데도 매우 유용하다. 영어의 접두어가 라틴어로 이뤄진 경우가 많기 때문이다. 예를 들어, 뒤를 의미하는 'post'나 앞을 의미하는 'pre'는 모두 라틴어가 어원인 접두어들이다. 부정을 나타내는 'un', 'dis', 'non', 'mal', 'mis'나 반대를 나타내는 'anti', 'contra' 등도 라틴어를 어원으로 두고 있다. 마찬가지 의미에서 한자어 역시, 알아두면 단어의 뜻을 제대로 파악할 수 있어 매우 유용하다. 아무 의미 없이 단어로만 들리는 말소리가 의미를 지닌 낱말로 다가올 수 있다는 말이다.

　　일례로, 필자는 자녀들이 단어 뜻을 물어올 때 한자어로 풀어줌으로써 아이들이 더 명확하게 오래 기억할 수 있도록 돕고 있다. '시속時速'이 무엇이냐 물어오면, 때 '시時', 빠를 '속速'이라는 말 풀이와 함께 '1시간 동안의 빠르기'라는 단어 뜻을 설명해주는 식이다. 이후, 아이들은 '분속分速'에서부터 '초속秒速'은 물론, '풍속風速', '유속流速' 등에 이르기까지 그 이해 범위를 확장시켜 나갈 수 있다.

19

열도를
구원하는
것은
'사랑'

장면 I

필자 아내: 바로 이웃 나라인데 참 이상하지?

필자: 뭐가?

필자 아내: 도무지 결말을 예상조차 못 하겠어. 어떻게 드라마가 달라도 이렇게
　　　　　다르지?

필자: 그렇게 달라? 나야 드라마를 보지 않으니 알 수가 있나!

　　드라마 마니아인 까닭에 웬만한 TV 드라마는 첫 회만 봐도 이야기의
진행 방향과 결말을 훤히 꿰뚫는다고 자부하는 아내가 당황했다. 어학 공
부도 하고 문화도 접할 겸 일본 TV 앞에 앉기 시작했지만, 이야기 전개 방
식이 판이한 열도의 드라마 앞에서 연방 고개를 갸우뚱할 수밖에 없었다.

　　사실이 그랬다. 한국 드라마에서 빠질 수 없는 '운명적 만남'이나 '숙명

〈겨울 연가〉 이후 본격적으로 시작된 한류 드라마 열풍은 일본 안방까지 거세게 불어닥쳤다. 사진은 필자가 일본에 거주하던 2009년, 일본 NHK에서 낮 시간대에 방영하던 한국 드라마 〈신데렐라 맨〉의 마지막 장면. 한국 배우들의 더빙을 맡은 일본 성우들의 이름이 자막으로 올라가 있다. 당시 〈신데렐라 맨〉은 한국에서 종영되자마자 일본 지상파 TV에서 방영되기 시작했다. ◉

적인 사랑', '여심을 뒤흔드는 애정 공세'와 '눈물겨운 사랑 지키기'가 배제된 일본 TV 드라마는 많은 경우, 특이한 직업 세계 속의 주인공이 자신의 꿈이나 희망을 달성하기 위한 투쟁기로 흐르곤 했다. 이와 함께 CG컴퓨터그래픽가 시도 때도 없이 화면에 등장하며 등장인물들을 두드러지게 희화화하는 시나리오 역시, 한국적인 멜로드라마에 익숙한 시청자들의 몰입을 좀처럼 허용하지 않았다. 익히 결말을 알면서도 본방本放이 시작되는 시간이면 어김없이 TV 앞에 시청자들을 불러 앉히는 한국 드라마와 달리, 아내의 말을 빌려본 일본 드라마는 "애들이 보면 딱 알맞은 수준의 만화" 같았다. 만화의 왕국답게 드라마도 만화처럼 만든다면 지나친 과장일까?

앞서 수차례에 걸쳐 일본인들이 무서워하는 네 가지에 대해 언급한 바 있다. 지진, 벼락, 화재와 함께 간단히 소개되었던 네 번째 요소는 바로 '아버지'. 국가 전체가 수백 년 동안 병영 같은 체제를 유지한 열도에서 사무라이나 진배없는 아버지는 언제나 감정을 드러내지 않는 '외경스러운' 존재였다. 아파도 내색하지 않으며, 기뻐도 웃지 않고, 슬플지언정 결코 눈물을 보이지 않는 아버지는 희로애락의 감정을 얼굴 뒤에 가린 채 언제나 아이들에게 속마음을 쉽게 드러내지 말라고 가르쳐왔다.

　실제로, 일본의 TV 드라마와 영화들을 보면 주인공들은 자신의 감정을 좀처럼 드러내지 않는 과묵함으로 무장하곤 한다. 마치, '세이자'를 한 채 전형적인 사무라이 표정을 짓는 것이 그들의 주된 임무라고나 할까? '세이자'란 일본식 정좌正座를 일컫는 말로, '세이자'를 한 사무라이는 칼을 찬 상태에서 무릎을 가지런히 꺾고 등뼈를 꼿꼿이 세운 채 위엄 어린 표정으로 꼼짝 않고 앉아 있는 게 보통이다. 반대로 주인공의 대

이제 한국 드라마는 한국식 사랑에 목마른 일본 주부들이 반드시 시청해야 하는 필수품이 되었다. 사진은 일본의 유명 비디오 대여점인 '쓰타야'가 점내(店內)에 마련하고 있는 한류(韓流) 코너. 필자가 거주하던 동네엔 한국인들이 그리 많지 않았음에도 이같이 한국 드라마와 영화만 별도로 비치한 진열 코너가 매장 내에 두 군데나 더 있었다. ◉

립선對立線으로 등장하는 조연자는 흔히 우스꽝스러운 얼굴 표정과 직설적인 감정 표현을 선보임으로써, 열도인들에게 감정 처리의 우열을 판단케 하는 가늠자 역할을 제시해주고.

장면 II

오토: 난 네가 죽어갈 때도 역사驛舍의 눈을 치우고 있었단다. 바로 이 책상에서
　　일지日誌도 썼지. '금일 이상 무'라고.

유키코: 그건 아빠가 철도원이니까요. 어쩔 수 없잖아요. 전 아무렇지도 않아요.

오토: (딸을 어루만지며 울다가) 미안하구나.

유키코: (역시 아빠 품에서 울다가) 고마워요, 아빠. 유키코는 행복해요.

　　주인공 '오토'(다카쿠라 겐 분)는 젊은 시절 철도공사에 입사해 평생을
철도원으로 보낸 공무원이다. 중년이 되어서 홋카이도의 시골 마을 종착
역인 '호로마이'에 부임해 정년 퇴임 때까지 역원 한 명 없는 역사를 지키
는 일과를 반복한다. 그러는 가운데 수지타산이 맞지 않게 된 호로마이 역
의 운영 문제를 놓고 철도공사 측은 역 폐지를 결정한다. 이제 그에게는
은퇴 후 할 일도 갈 곳도 없다.

　　자신의 일에 너무 엄격한 나머지 언제나 가정보다 일을 우선시한 그
는 뒤늦게 얻은 첫아이가 고열에 시달리다 병원에서 사망하는 순간에도
홀로 종착역을 지켰던 일본 남자다. 훗날, 아내가 임종하는 순간마저도
역에 남아 기차를 챙긴 그에게 역사 안의 관사는 집이나 다름없는 보금자
리였다.

　　갑작스레 환상적인 이야기가 가미되는 것은 역사 폐지가 결정된 이후
부터. 초등학교 1학년에 입학하는 여자아이에서부터 초등학교 6학년을
거쳐 고등학생 소녀까지 시간을 두고 찾아오는 밤을 경험하며 그는 그녀
들이 모두 17년 전에 죽은 자신의 딸이라는 사실을 알게 된다. 태어나자마
자 사랑 한 번 제대로 받지 못한 채 죽어갔던 그녀 앞에 오토는 회한의 눈

물을 흘리며 진한 사과를 한다. 다음 날, 철로 위에서 얼어 죽은 채 발견된 오토의 시신. 다른 직장을 알아놓았다는 평생지기 철도원 친구의 권유도 마다한 채, 결국 마지막까지 철도원으로 살다 속죄하는 심정으로 가족에게 돌아가는 운명을 택한 것이다.

2000년 개봉되어 열도를 울음바다로 만들었던 〈철도원〉은 일본 영화의

소설을 바탕으로 제작되었던 영화 〈철도원〉의 포스터. 원제는 '폿포야'로 역시 철도원을 의미하는 일본어이다.

대표적인 수작秀作이다. 1997년 소설로 출간되어 무려 140만 명의 독자들을 감동시켰던 『철도원』은 또, 작가 아사다 지로浅田次郎에게 일본 최고의 권위를 자랑하는 나오키直木상 수상을 안겨주기도 했다. 필자가 그런 〈철도원〉을 난데없이 소개한 이유는 바로 일본의 남성상을 고스란히 드러낸 영화가 다름 아닌 〈철도원〉이라는 생각에서다. 사무라이 일본과 사무라이 일본인을 모른다면 절대로 이해할 수 없는 스토리라인은 때문에 한국의 많은 영화 관객들로 하여금 "'미안하다'며 눈물짓는 아버지와 그런 아버지에게 '고맙다'며 '행복하다'고 답하는 딸이 도무지 이해되지 않는다"는 사족蛇足을 촌평으로 달게 한다.

장면 Ⅲ

준상: (보이지 않는 눈을 소리가 난 쪽으로 향하며) 누구시죠?

유진: …….

준상: 누구시죠?

유진: …….

준상: (조심스레) 유진이니?

유진: (따라 하듯 같은 톤으로) 준상이니?

준상: (나지막이 애정 어린 목소리로) 유진아.

(그러자 기다렸다는 듯이 준상의 품으로 뛰어드는 유진)

　　고등학교 전학생 준상(배용준 분)은 자신과 마찬가지로 아버지가 없는 유진(최지우 분)에게 동병상련의 감정을 느낀다. 하지만 주변의 시기와 방해 속에 준상은 교통사고를 당하고, 수술을 할 경우 자칫 기억력을 잃을 수 있다는 의사의 말에 사고 후유증을 그대로 받아들이며 유진 곁을 떠난다. 훗날 유진 앞에 다시 나타나지만 한 번 더 교통사고를 당해 시력을 잃게 되고 마는 준상.

　　밀고 당기는 사랑의 줄다리기 속에 20회에 걸쳐 진행된 드라마의 하이라이트는 역시 마지막 회다. 남이섬에서 유진이 꿈꾸던 집을 짓고 외롭게 살아가는 준상 앞에 모든 것을 버린 유진이 나타난 것이다. 준상은 이미 상대방을 알아볼 수 없는 상태. 그런 준상이 인기척을 느낀 후 직감적으로 유진의 이름을 입에 올리자 유진도 화답하며 준상의 품으로 달려든다. 이윽고, 석양 속의 키스를 통해 둘은 누구도 떼어놓을 수 없는 운명적인 사랑을 마무리한다.

일본에서 '후유노 소나타(겨울 소나타)'로 소개된 〈겨울 연가〉는 지금까지도 일본 내에서는 최고의 작품 가운데 하나로 심심찮게 거론되고 있다. 사진은 필자가 도쿄 신주쿠의 어느 전자상가에서 발견한 〈겨울 연가〉 닌텐도 게임. ☜

　　2002년 1월에 방영되어 3월 종영한 한국 드라마 〈겨울 연가〉는 일본에 한류韓流 열풍을 불러일으킨 기폭제였다. 부드러운 미소와 애정 어린 눈웃음으로 연인을 바라보던 배용준은 한평생 무서운 아버지와 무뚝뚝한 남편, 숨 막힐 듯한 집안 분위기에서 살아온 일본 주부들에게 메가톤급 충격으로 다가왔다. 배용준에 대한 최지우의 사랑 역시 지고했지만 성공과 출세, 안녕과 건강은 제쳐둔 채, 오직 연인만을 위해 살아가던 배용준의 모습은 사랑받는 법조차 잊고 있었던 열도의 여성들에게 다른 세상이 이웃해 있음을 알려준 것이다. 이후, 주부들을 중심으로 형성되기 시작한 한

〈겨울 연가〉 이후, 새로운 여행 코스로 떠오른 한국은 일본 주부들에게 '사랑의 성지'가 되었다. 사진은 일본의 유명 여행업체인 'H. I. S.'가 다카다노바바 지점 앞에 내놓은 관광 상품들. 여러 광고물 거치대 가운데 한 곳이 전부 서울과 부산, 제주도를 3일간 다녀올 수 있는 40만 원 안팎의 상품 소개 팸플릿들로 가득 차 있다. ◉

한류 열풍은 일본 남성들의 놀이 문화인 '파친코'에까지 영향을 미쳤다. 사진은 도쿄의 어느 역 앞에 위치한 파친코 영업점. 한국 드라마, 〈천국의 계단〉을 상품 이름으로 내세운 파친코 기계를 다수 들여놨다는 광고 플래카드가 잔뜩 걸려 있는 것이 인상적이다. ◉

류 저기압은 급기야 초대형 태풍으로 변하며 열도를 강타하더니 마침내 한국행 엑소더스를 야기하기에 이른다.

뤽 베송Luc Besson 감독이 1997년 내놓은 영화 〈제5 원소〉는 그런 일본을 위해 만들었다는 생각이다. 간단히 들여다본 영화 내용은 이렇다. 멸망에 처한 인류를 구원하기 위해 선진 문명의 외계인 릴루(밀라 요보비치 분)가 어렵사리 지구에 도착한다. 지구 파멸을 꾀하는 악당들을 힘겹게 물리친 끝에 접하게 된 지구의 역사는 안타깝게도 전쟁과 학살의 비극으로 점철되어 있다. 결국,

뤽 베송 감독의 〈제5 원소〉 영화 포스터. 〈제5 원소〉는 브루스 윌리스, 밀라 요보비치, 게리 올드먼 등 호화 배역진이 출연한 가운데 기발한 의상과 파격적인 무대 장치 등으로 수많은 화제를 불러일으켰다.

인류가 저지른 온갖 재앙과 파멸의 역사를 들여다본 후, 지구의 구원을 망설이게 되는 릴루.

영화의 절정에서 남자 주인공인 코벤 댈러스(브루스 윌리스 분)는 물, 불, 흙, 바람의 네 가지 원소를 준비한 채, "그래도 사랑은 지킬 가치가 있어, 당신을 사랑해"라고 외치며 릴루에게 간절한 사랑의 키스를 전달한다. 그러자 이성애를 체험한 릴루의 몸에서 생명의 마지막 원소인 사랑의 빛이 솟아오르며 지구를 향해 돌진해 오던 괴행성을 멈춰 세운다. 마찬가지

로, 사무라이의 무정함에 수원水源조차 메말라버린 박토薄土엔 사랑의 단비만이 생명의 싹을 잉태시킬 수 있다는 생각이다.

그런 의미에서 물水 많고, 불火 많으며, 땅土이 흔들리고, 바람風마저 잘 날 없는 일본을 구원하는 것은 단연코 '사랑愛'이다.

20

유전대학
무전가업

필자: 그게 정말입니까? 게이오慶応 대학교나 와세다早稲田 대학교 부설 유치원에
　　　들어가기만 하면 결국 게이오 대학교나 와세다 대학교에 들어갈 수 있다는
　　　게 사실입니까?

선배: 그렇다네. 게이오나 와세다 대학 부설 유치원에 입학하게 되면 이변이 없
　　　는 한 게이오나 와세다 소학교에 진학할 수 있고, 역시 성적이 미달 수준으
　　　로 떨어지지 않을 경우, 같은 계열의 부설 중·고등학교를 거쳐 대학까지 진
　　　학할 수 있다네.

필자: 우리네 사고방식으로는 도저히 이해가 가지 않는데요. 만일 그게 사실이
　　　라면 유치원에 들어갈 때부터 난리가 날 텐데요.

선배: 물론 그렇지. 하지만 명문 사립 교육 기관은 학비 부담이 만만치 않아서 결
　　　국 있는 집에서만 관심을 갖게 마련이지. 실제로, 이들 유치원의 입원入園 경
　　　쟁률은 10대 1 안팎이거든.

도쿄 신주쿠의 와세다 대학교 근처에 있는 와세다 소학교의 모습. 와세다 유치원과 와세다 소학교를 거쳐 와세다 중·고등학교에 진학하기만 하면, 와세다 대학까지 진학이 가능한 나라가 일본이다(사진 출처: 야후 재팬).

　믿을 수 없었다. 일본에 도착한 지 며칠 되지 않은 어느 날, 게이오 대학으로의 방문을 주선해준 선배 교수로부터 일본에 관한 여러 정보를 듣다 알게 된 사실이었다. 실제로, 그의 수업에는 그렇게 유치원과 소학교에서부터 중학교와 고등학교를 거쳐 게이오 대학교까지 도착(?)한 학생들이 몇몇 있었다고 했다. 물론, 선배는 그들 대부분이 가르칠 만한 재목은 되지 못한다는 말도 잊지 않았다. 하지만 그 후로도 오랫동안 일본 교육이 전해준 충격은 좀처럼 가시지 않았다.

　이웃에 위치해 있지만 정치에서부터 종교는 물론, 교육에 이르기까지 마치 우리의 대척점에 자리하고 있는 듯한 나라. 그런 일본은 교육에서도 우리만큼이나 개성적인 붓질로 자신만의 그림을 그려나가고 있는 독특한 국가다.

　엄밀히 말해 '풀 세트'로 불리는 일본 명문 사립대의 에스컬레이터식 진학 시스템은 열도에만 존재하는 특허품이다. 부모가 능력이 있어 자녀의 학비를 감당할 수 있다면 명문 사립대의 부설 유치원 앞에 줄 서는 것이 아무 문제도 없다는 사고방식은 그래서 더더욱 힘을 받는다. 이 같은 제도

가 가능한 이유는 아직껏 홋카이
도에서부터 오키나와에 이르기
까지 열도 전체를 깊숙이 감싸고
있는 유전무죄, 무전유죄적 사고
방식 때문. 수천 년 동안 가진 자
가 고등 교육을 독점해온 폐해가
아직껏 이 나라에선 '현재 진행
형'의 어두운 그늘을 드리우고 있
는 것이다.

그리고 보면, 필자가 두 아이
를 보낸 도쿄 다카다노바바 지역
의 공립 소학교는 어떤 과외 열기
도 느낄 수 없는 사교육의 무풍지
대였다. 참고로, 필자가 거주했
던 지역은 도쿄에서 가장 번화한
신주쿠로 소학교들이 대거 몰려
있는 지역이었다. 그렇다고 이러
한 현상이 필자가 거주하던 지역
에만 국한되어 있다고 생각하면
오산이다. 사교육을 시키려 해도
학원 강사의 인건비와 학원의 건
물 임대료가 워낙 비싼 일본이기
에 사교육비 자체가 우리의 상상

일본의 양대 사립 명문대 중 하나인 게이오 대학교의
동쪽 정문 모습. 게이오 유치원에서부터 에스컬레이
터식으로 대학교까지 자동으로 도착한 이들이 이 문
으로 드나들 수 있다. ◉

45분짜리 피아노 레슨을 주 1회씩 월 4회 받을 경우,
레슨비가 1만 6,300엔이라는 어느 학원의 인터넷 광
고. 환율을 100엔당 1,400원 정도로 환산해보면 23
만 원을 상회하는 금액이다. 45분짜리 레슨을 주 2회
받을 경우, 한 달 교육비는 무려 44만 원에 이른다.

1877년 왕족 및 귀족의 자녀 교육을 위해 세워진 '가쿠슈인'은 제2차 세계대전 후 사립학교로 전환되었지만, 여전히 상류층과 부유층 자녀들을 위한 귀족학교다. 구한말 조선 왕실이 무너지면서 2차 세계대전 이후에는 공화국으로 거듭난 한국과, 여전히 천황을 모시며 계급사회를 유지하고 있는 일본 사이에는 결코 넘을 수 없는 간극이 엄연히 존재한다. 사진 왼쪽은 학교 바깥에서 본 정문이며, 오른쪽은 본관의 모습(사진 출처: 야후재팬).

을 뛰어넘는 까닭에서다. 예를 들어, 피아노의 경우 한 번에 45분씩 한 달에 네 번 레슨을 받는 데 지불해야 하는 학원비는 20만 원을 훌쩍 넘었다. 반면, 한국의 경우 초등학교 3학년인 필자의 딸이 일주일 내내 피아노 레슨을 받아도 필자가 지불해야 하는 강습료는 월 9만 원에 불과했다. 해서, 일본에 거주하는 1년 동안 두 초등학교 아이들을 한국처럼 몇 군데 학원에 보낸다는 것은 그야말로 어불성설語不成說이었다. 이미 도쿄에 체재하는 것 하나만으로도 월세가 300만 원 가까이 드는 현실에서 열도의 버거운 생활비에 다시 사교육비를 얹는다는 것은 필자의 봉급만으로 어림도 없었던 것이다. 결국, 아이들을 '지도칸'이라 불리는 방과 후 교실에 보내거나 공원, 수영장 등에서 함께 시간을 보내는 것으로 아쉬움을 달랠 수밖에 없었다.

사정이 이렇다 보니, 부모가 능력 없는 무산 계급이라면 자녀에게 "대학을 가지 말고 가업을 이으라"고 스스럼없이 말할 수 있는 국가 또한 일

일본 소학교는 대부분 수영장을 갖추고 있다. 필자의 자녀가 통학했던 소학교 역시 농구장이 마련된 운동장의 한쪽 구석에 수영장을 설치, 학기 중에는 체육 시간을 통해, 방학 기간에는 희망자에 한해 수영을 가르쳤다. 수영 시즌이 끝나는 9월이 오면 수영장을 커다란 박스들로 메운 후, 그 위에 다시 매트를 깔아 농구장(오른쪽)으로 사용한다. 좁은 공간을 효율적으로 사용하는 발상의 전환이 놀랍기만 하다. ☜

한국의 웬만한 음대보다 더 좋은 악기들을 고루 갖추고 있는 곳이 일본 소학교다. 사진은 다카다노바바 지역의 한 소학교 음악실에 구비된 악기들. 드럼 세트에서부터 '튜뷸러 벨'이라는 타악기와 피아노·전자피아노 등 온갖 종류의 악기가 눈에 띈다. 필자의 자녀들이 다닌 소학교에는 이런 음악실이 두 개나 있었다. ☜

― 이 밖에도 일본 소학교에는 조리 실습실을 비롯해 (사진 왼쪽 위에서부터 시계 방향으로) 각종 놀이 장비와 다목적 폴리우레탄 트랙, 외발자전거 등 다양한 놀거리와 시설들이 갖춰져 있다. ◉

본이다. 어차피, 복지시설은 거의 완벽에 가까우니 밥 굶을 염려는 없고, 그렇다면 괜히 대학에 가서 헛돈 쓰느니 차라리 확실한 돈벌이를 택하라는 것이다. 이렇게 아들이 가업을 잇는 것이 밥을 먹듯 일상적인 일본에선 결과적으로 3대, 4대, 5대에 걸쳐 전승되고 발전된 가업 기술들이 해당 분야에서 극강極强의 경쟁력을 발휘하는 아이러니를 낳게 된다. 반증적인 측면에서 '가쿠슈인學習院'이라는 귀족 학교가 아직껏 버젓이 존재하는 것 자체가 한국과의 동떨어진 열도의 교육 현실을 극명하게 보여주고 있다. '가쿠슈인'이란 에도 시대 말기인 1847년, 귀족 자녀를 위해 만들어진 교육기관으로 교토에 세워졌다가 메이지 유신 직후인 1884년 도쿄로 옮겨진 왕실 직속 관립학교. 1926년부터 「왕족 취학령」이 공포되어 왕족은 원칙적으로 '가쿠슈인'에서 공부하도록 규정되었으며 2차 세계 대전 때까지는 모든 왕족이 예외 없이 가쿠슈인에 다녔다. 지금은 왕족들과 더불어 일본 지도층 및 상류 사회의 명사 자녀들이 주로 다니고 있고.

그래도 유전대학 무전가업의 일본 교육에서 부러운 것이 하나 있다면 그것은 바로 질 높은 공교육과 이를 위한 국가의 아낌없는 투자라는 것이다. 일례로, 일본 공립 소학교는 어디든지 수영장과 함께 완벽에 가까운 음악 시설을 갖추고 있었어, 학생들이 수영과 더불어 악기 한 개씩은 다룰 수 있도록 배려하고 있었다. 이와 함께, 다목적 체육관을 비롯, 조리실습실과 도서실 등 교육 유관 시설들도 부러울 정도로 훌륭하게 갖춰놓고 있는 곳이 일본이다. 환경이 이렇다 보니, 공립 소학교에서부터 공립 중학교를 거쳐, 공립 고등학교에 이르기까지 공립으로만 학교에 다녀도 그다지 불만스러울 것이 없다는 게 일본 주부들의 한결같은 생각이었다.

이렇게 공교육을 받고 사회에 진출하는 학생 대부분은 '한 사람의 몫'을 의미하는 '이치닌 마에—人前'를 성실히 수행하면서 비로소 진짜 일본인으로 대접받게 된다. 하지만, 자신의 몫을 성실히 수행해 진짜 일본인으로 대접받는다는 말은 뒤집어 말해 사회에 아무런 도움이 되지 못할 경우, 제대로 된 인간으로 취급받지 못한다는 것을 의미하기도 한다. 그렇게 취업에서 실패하고 주변에 폐만 끼치는 이들은 결국, 주변의 따가운 눈총을 견디다 못해 '히키코모리ひきこもり'라 불리는 은둔형 외톨이가 되거나 방 안에

음악 시간이나 방과 후, 또는 주말의 밴드부 연습을 통해 합주를 익힌 아이들은 학교 체육관에서 실전과 다름없는 리허설을 한다. 위 사진은 도쿄의 어느 소학교 취주악단이 학교 체육관에서 정기 공연회를 갖는 모습. 일본의 소학교는 자체적으로 지닌 악기만으로도 웬만한 규모의 음악회를 소화해낼 수 있다. 참고로 일본 공립학교의 경우, 정부의 학생 1인당 교육투자비가 연간 120만~150만 엔(약 1,650만 원)에 이른다고 한다. ◉

틀어박혀 한 가지에만 집착하는 '오타쿠ォ ヮ ク'로 전락하기 십상이다. 실제로 일본에서 청소년들이 귀가 따갑도록 듣는 표현 가운데 하나가 바로 '사회에 보탬이 되라'는 의미의 '야쿠니 다쓰ゃ く に た つ'라는 말이다. '야쿠'가 역할을 의미하는 한자어 '역役'의 일본식 발음이며, 설 '립立'을 의미하는 단어가 '다쓰'라는 것을 고려해본다면 이 표현은 결국 '역할을 세우라'는 뜻으로 결코 무의미한 사람이 되지 말라는 것을 뜻하는 셈이다. 그리하여 사회 초년병들에게 주변에서 반복적으로 들려주는 이야기는 "반드시 사회 발전에 이바지하라"는 당부이며, 사회 초년병들이 주변에 밝히는 일성—聲 역

시, 언제나 "사회에 보탬이 되는 일꾼이 되겠다"는 것이다.

　그렇게 사회라는 거대한 기계 속의 부품으로, 맡은 바 자기 임무에만 충실하도록 역할을 한정 짓는 일본 교육은 젊은이들로 하여금 직장을 통한 자아실현보다 회사와 사회만 강조하는 자사_{自社}실현으로 몰고 가는 부작용을 양산하기 마련이다. 경쟁을 통해 상대방을 제치라고 가르치는 한국 교육이나 반드시 주변에 발맞춰 함께 걸어갈 것을 강조하는 일본 교육이 안타까운 이유다.

■ 참고 문헌

가와바타 야스나리. 2009.『설국』. 유숙자 옮김. 민음사.

강항. 2005.『간양록』. 서해문집.

고규홍. 2006.『알면서도 모르는 나무 이야기』. 사계절.

골딩, 윌리엄. 2000.『파리대왕』. 유종호 옮김. 민음사.

꿈꾸는 과학. 2010.『일본 과학 대탐험』. 궁리.

김성민. 2011. "104년 만의 폭우, 대한민국 최대 번화가, 강남역 사거리 '흙탕물 바다'로". ≪조
　　선일보≫(2011.7.28.), A4면.

김은남. 2010. "'귀족 교육' 용납하면 민주주의 아니다". ≪시사 IN≫(2010.8.28.), 제154호,
　　38~39쪽.

김지섭. 2011. "104년 만의 폭우, 강북은 왜 피해 적었나." ≪조선일보≫(2011.7.28.), A5면.

김정운. 2007.『일본열광』. 프로네시스.

김후연. 2005.「일본의 태양 신화와 태양 숭배」. ≪종교연구≫, 제38집, 93~131쪽.

니스벳, 리처드. 2008.『생각의 지도』. 최인철 옮김. 김영사.

다케우치 가오루. 2008.『밤의 물리학』. 꿈꾸는 과학 옮김. 사이언스북스.

돌링, 대니얼·뉴먼, 돌링·바포드, 애나. 2009.『리얼 아틀라스, 리얼 월드』. 김화경 옮김. 디자
　　인 하우스.

루커, 루디. 2007.「모든 물체가 마음을 가지고 있다」. 존 브록만 엮음.『위험한 생각들』. 이영
　　기 옮김. 갤리온, 267~270쪽.

마쓰무라 아키라 외. 2008.『교양으로 읽어야 할 일본 지식』. 윤철규 옮김. 이다 미디어.

모어, 토머스. 2008.『유토피아』. 류경희 옮김. 웅진씽크빅.

"미 한국어, 어렵다 어려워." 2006. ≪동아일보≫, 8월 14일, 11면.

박규태. 2001.『아마테라스에서 모노노케히메까지』. 책세상.

박인하. 2009.『만화 공화국』. 랜덤하우스.

베네딕트, 루스. 2005.『국화와 칼』. 김윤식·오인석 옮김. 을유문화사.

보부아르, 시몬 드. 2009.『제2의 성』. 이희영 옮김. 동서문화사.

부지영. 1997.『일본, 또 하나의 한국』. 한송 출판사.

손영운 지음·최정규 그림. 2008. 『만화 토머스 모어 유토피아』. 주니어김영사.

신숙주. 2004. 『해동제국기』. 신용호 외 주해. 범우사.

심훈. 2008. 『A+ 글쓰기』. 파워북.

안정환 . 1995. 『상식 밖의 일본사』. 새길.

오오누키 에미코. 2004. 『사쿠라가 지다 젊음도 지다』. 이향철 옮김. 모멘토.

오주석. 2003. 『한국의 미 특강』. 솔.

윤종구. 2010. "일 왕족학교 가쿠슈인의 '굴욕'". ≪동아일보≫, (2010.1.8.), 21면.

이어령. 2008. 『축소지향의 일본인』. 문학사상.

이원복. 2004. 『먼나라 이웃나라: 일본 역사 편』. 김영사.

이춘규. 2009. 『일본에 대해서 알지 못했던 것들』. 강.

이충원. 2010. "눈이 너무 많이 내려서……日 어선 190척 침몰." ≪연합뉴스≫(2010.1.2.).

이케가미 에이코. 2008. 『사무라이의 나라』. 남명수 옮김. 지식노마드.

임도원. 2007. "용인 아파트 가장 넓다……가구당 평균 면적 123m². " ≪한국경제신문≫,
(2007.9.11).

임석재. 2008. 『교양으로 읽는 건축』. 인물과 사상사.

_____. 2005. 『한국의 지붕선』. 이화여자대학교 출판부.

임종업. 2009. 『한국의 책쟁이들』. 청림출판.

정재승. 2005. 『과학 콘서트』. 동아시아.

정형. 2009. 『사진·통계와 함께 읽는 일본, 일본인, 일본 문화』. 다락원.

진중권. 2003. 『미학 오디세이 1』. 휴머니스트.

최경봉. 2005. 『우리말의 탄생』. 책과함께.

한국일어일문학회. 2007. 『스모 남편과 벤토 부인』. 글로세움.

_____. 2003. 『게다도 짝이 있다』. 글로세움.

_____. 2003. 『일본어는 뱀장어 한국어는 자장』. 글로세움.

헌, 라프카디오(Lafcadio Hearn). 2010. 『라프카디오 헌, 19세기 일본 속으로 들어가다』. 노재
명 옮김. 도서출판 한울.

宮澤清治. 1999.『近.現代 日本氣象災害史』. イカロス 出版.

吉野正敏 編. 1988.『雪と生活』. 大明党発行.

斎藤正二. 2002.『植物と日本文化』. 八坂書房.

望月峯太郎. 1995.『ドラゴンヘッド』1~10. 講談社.

若濱五郎. 1995.『雪と氷の世界: 雪と天からのめぐみ』. 東海大學出版会.

伊勢神宮. 2009. 8. ≪美術手帖≫, vol.61, no. 925. 美術出版社.

『英文 日本絵とき事典 1. ─ A LOOK INTO JAPAN』. 2009. JTB パブリッシング.

『英文 日本絵とき事典 3. ─ EATING IN JAPAN』. 2008. JTB パブリッシング.

『英文 日本絵とき事典 7. ─ A LOOK INTO TOKYO』. 2007. JTB パブリッシング.

日本積雪連合. 1978.『豪雪譜: 雪と人間えの戦いの記録』.

〈日本の自画像 ─ 写真が描く戦後 1945~1964〉. 2009. クレヴィス.

* 일본어 참고 문헌은 한자어의 가나다라순으로 배열했음

■ 참고 웹 사이트

가슈큐인(學習院)
http://www.gakushuin.ac.jp/

김상연(2009. 12.11). 중→한반도→일본 민족 이동, 유전자로 밝혔다. 동아 사이언스.
http://news.donga.com/3/all/20091211/24718400/1

당일치기 온천 여행 안내 사이트
http://www.mapple.net/higaeri_spa/

도검왕 하마
http://blog.naver.com/big3ha

도라에몽
http://navercast.naver.com/

드래곤 헤드 VS 28일 후
http://blog.naver.com/bluwin11/60000793979

도버해협과 대한해협 비교
http://www.maps-for-free.com/

"디지털 한한 대사전, 국가브랜드화해야" (연합뉴스)
http://news.naver.com

리처드 도킨스의 『눈 먼 시계공』
http://www.hankyung.com/

벚꽃 개화 예상 2011년
http://sakura.weathermap.jp/

『北斗の拳』
http://ja.wikipedia.org

서울대학교 규장각한국학연구원, 『조선일본유구국도』
http://kyujg.snu.ac.kr

세계의 국기들
http://www.peaceeye2002.com.ne.kr/

소나무 명품관 (김문학 일본 구레 대학교 사회정보학부 교수)
http://sonamoo.org/

식용 꽃의 종류 및 올바른 섭취방법
http://section.blog.naver.com/

신의 문 바벨탑
http://section.blog.naver.com/

"신종플루가 기가 막혀 …… 검사비용 최대 30만 원." 《조선일보》, 2009년 8월 28일 자.
http://news.chosun.com/

아소 타로 공식 웹 사이트
http://www.aso-taro.jp/

江戸幕府の職制
http://ja.wikipedia.org/

연안재해 및 방재
http://cerd.kordi.re.kr/mm05/sm03_1_2_cnt.asp

오는 28일(2010년) 세계 최대 규모 ≪한한대사전≫ (전 16권) 완간
http://blog.daum.net/aceykh/16058223

온천에 관한 관용구 및 속담들
http://q.hatena.ne.jp/1134582660

온천 영화제
http://www.laputa-jp.com/laputa/program/onsen/

유탄포 판매 전문 웹 사이트
http://www.e-yutanpo.com/

일본 바람의 여러 이름들
http://www.sgm.co.jp/life/sai/2007/07/post_739.html

일본 기상청(태풍 발생 수 등)
http://www.jma.go.jp/jma/kishou/know/typhoon/1-4.html

일본 명산 100개
http://www.gps-walk.com/yama/index113.html

일본 북알프스 산행 소개
http://blog.daum.net/choi3289/17326640

日本の山一覧
http://ja.wikipedia.org

일본인 납치사건
http://kin.naver.com/

일본 통계청(섬 개수 1)
http://www.stat.go.jp/english/data/nenkan/1431-01.htm

일본 통계청(섬 개수 2)
http://www.stat.go.jp/data/chouki/zuhyou/01-01.xls

일본 통계청(일본의 산 높이)
http://www.stat.go.jp/english/data/handbook/c01cont.htm

일 아소 총리의 한자실력???
http://cafe.naver.com

자손 대대로 지켜온 사이타마현의 고려신사
http://breaknews.com

자연으로 보는 기상〈124〉메기가 물위로 올라오면 폭풍우
http://kookbang.dema.mil.kr

자연 현상과 관련된 속담들 1
http://w-diet.com/kotowazamein.htm

자연 현상과 관련된 속담들 2
http://wwwd.pikara.ne.jp/khco1/kotowazamein.htm#jisin

잡담〈의원배지〉
http://kazutyan.cocolog-nifty.com/blog/2009/09/post-8162.html

조선통신사
http://ko.wikipedia.org

지진 대피 30세트
http://pro-bousai.jp

최광준의 물 이야기
http://blog.naver.com/watermuseum/

후생성 서부국민근로훈련소
http://shinkokunippon.blog122.fc2.com/

후쿠시마 제1 원자력 발전소 사고
http://ko.wikipedia.org/

2011년 도호쿠 지방 태평양 해역 지진
http://ko.wikipedia.org/

2,000m 이상의 산들(山頂涉猟)
http://hakusan.outdoor.cc/

『大石内藏助良雄切腹之圖』(위키백과)
http://ja.wikipedia.org/

忠臣蔵(위키백과)
http://ja.wikipedia.org/

NHK 대하드라마〈赤穂浪士〉(1964)
http://www.cyworld.com/sengokujidai/

지은이

심 훈

언론사에서 자칭 '5천만' 한국인들을 대상으로 한 글쓰기를 업으로 삼다, 공부에 뜻을 두고 도미渡美했다. 이후, 소수의 독자들을 대상으로 한 학술용 논문에 매달리게 되면서 극極과 극極을 오가는 글쓰기를 경험했다. 대학에 돌아와 학생들의 글쓰기 교육을 담당하게 되면서, 언론사의 '쉬운 글'에 학자들의 '조리 있는 문장'을 접목시키고자 노력하고 있다. 연세대학교 신문방송학과를 나와 세계일보에서 근무하다 텍사스 주립대학교Univ. of Texas at Austin에서 언론 전공으로 박사 학위를 받았다. 저서로는 『한국인의 글쓰기』, 『A+ 글쓰기』, 『글쓰기 콘서트』가 있다. 현재 한림대학교 언론정보학부에 재직 중이다.

☞ 표시의 사진은 저자가 직접 촬영했다.

심훈 교수의 新일본견문록
일본을 보면 한국이 보인다

ⓒ 심 훈, 2012

지은이 | 심 훈
펴낸이 | 김종수
펴낸곳 | 도서출판 한울
편집책임 | 이교혜
편집 | 조수임

초판 1쇄 인쇄 | 2012년 3월 20일
초판 1쇄 발행 | 2012년 3월 25일

주소 | 413-832 파주시 문발동 535-7 302호(본사)
　　　121-801 서울시 마포구 공덕동 105-90 서울빌딩 1층(서울사무소)
전화 | 영업 02-326-0095, 편집 파주 031-955-0606, 서울 02-336-6183
팩스 | 02-333-7543
홈페이지 | www.hanulbooks.co.kr
등록 | 제406-2003-000051호

Printed in Korea.
ISBN 978-89460-4564-4 03910(양장)
　　　978-89-460-4565-1 03910(반양장)

*책값은 겉표지에 표시되어 있습니다.